BCI와 AI 윤리

AI문고

인공지능 시대입니다. 기계가 인간의 인지를 대신하고, 사물이 인간을 통하지 않고 다른 사물과 직접 커뮤니케이션합니다. 이에 따른 인간 삶과 문명 변화를 정확히 이해·예측·대응하는 것은 이 시대 우리 모두의 과제입니다. AI문고는 인공지능 기술과 환경의 여러 주제를 10가지 키워드로 정리합니다. 관련 개념과 이론, 학계와 산업계의 쟁점, 우리 일상의 변화를 다룹니다. 인간과 기술의 현재, 미래를 세심히 분석합니다.

일러두기

- 인명, 작품명, 저서명, 개념어 등은 한글과 함께 괄호 안에 해당 국가의 원어를 병기했습니다.
- 외래어 표기는 현행 어문규정의 외래어표기법을 따랐습니다. 다만 '딥러닝', '딥마인드', '딥페이크' 등은 관행을 따랐습니다.
- 본문의 BCI는 뇌-컴퓨터 인터페이스(Brain-Computer Interface)를, EEG는 뇌파(Electroencephalogram) 또는 뇌파 검사 기술(Electroencephalography)을 의미합니다.

처음이세요?

전문가세요?

BCI와 AI 윤리

박형빈

대한민국, 서울, 커뮤니케이션북스, 2025

BCI와 AI 윤리

지은이 박형빈
펴낸이 박영률

초판 1쇄 펴낸날 2025년 2월 3일

커뮤니케이션북스(주)
출판 등록 2007년 8월 17일 제313-2007-000166호
02880 서울시 성북구 성북로 5-11
전화(02) 7474 001, 팩스(02) 736 5047
commbooks@commbooks.com
www.commbooks.com

ISBN 979-11-7307-812-5 03500

책값은 뒤표지에 표시되어 있습니다.

차례

BCI와 AI의 융합: 인간 능력의 확장과 윤리적 도전

인간의 뇌는 세계에서 가장 복잡하고 강력한 컴퓨터이며, 인간 두뇌의 작용은 우주에서 가장 경이로운 현상 중 하나다. 약 860억 개의 뉴런이 복잡하게 연결되고 100조 개의 시냅스를 가진 매우 복잡하고 정교한 이 기관(Feng et al., 2024)을 완전히 이해하는 것은 과학적 탐구의 궁극적인 목표 중 하나다. 그 복잡성과 잠재력을 완전히 파악하기 위한 인류의 여정은 이제 막 시작되었지만, 인공지능(AI)의 출현은 미지의 영역을 탐구할 수 있는 전례 없는 기회를 제공하고 있다.

기술의 발전으로 인간의 정신 작용에 직접 개입해 뇌 기능에 영향을 주는 것이 가능해짐에 따라 기억, 정서, 사고 등의 변형, 향상, 생성, 조작이 가능한 시대로 접어들었다. 이러한 기술은 단순한 보조 수단이 되는 것을 넘어서 인간의 인지 능력과 정신적 경험을 근본적으로 재정의할 수 있는 잠재력을 보여 주고 있다. 특히 신경과학과 인공지능의 결합은 인간의 뇌 활동에 대한 이해를 크게 증진했으며, 이를 통해 다양한 신경학적 개입이 가능해지고 있다.

주목할 점은 인공지능은 인간과 별개의 피조물로서만 존재하는 것이 아니라 인간 내부에서 구현되는 또 다른 실재로서 두뇌를 포함한 인간 신체에까지 그 침투 영역을 깊이 확장하고 있다는 사실이다. 이는 인간과 연결된 또는 인간과 결합된 인공지능 윤리 문제를 발생시킬 수밖에 없다. 이러한 논의의 대표적인 주자는 뉴럴링크(Neuralink), 뇌-컴퓨터 인터페이스(Brain-Computer Interface, BCI), 뇌-기계 인터페이스(Brain-Machine Interface, BMI) 등이다.

한편 최근 기술 진보는 인간의 정체성에 대한 근본적인 이해를 재조명하고 있다. 이 변화는 포스트휴머니즘, 트랜스휴머니즘, 디지털 휴머니즘과 같은 새로운 인문학적 흐름을 탄생시켰으며, 인간의 본질에 대한 이해의 원천적인 변화를 시도하고 있다. 트랜스휴머니즘은 생물학적, 기술적, 인지적 수정을 통해 자연 인간의 특성을 변화시키고 개선하는 데 중점을 둔다. 포스트휴머니즘의 근본적인 아이디어는 생물학적, 윤리적, 존재론적 인간중심주의의 거부다. 포스트휴머니즘은 장기적으로 인간의 가치 지위를 심각하게 훼손할 수 있는 다른 대상으로 가치 중심을 이동할 위험을 안고 있다. 디지털 휴머니즘은 디지털화가 발전하는 방식과 사회 및 인간에 미치는 영향에 대한 심각한 우려에서 비롯되었으며 아직 보편적으로 수용된 정의를 갖추지 못한 신흥 분야라 할 수 있다(박형빈, 2024).

BCI와 같이 뇌에 컴퓨터 칩 삽입 등의 조작을 가하거나 전기 신호 등을 통해 발작을 자극하는 물리적 개입은 인간의 생각을 디지털 명령으로 변환하여 물리적 세계와의 상호작용 방식뿐만 아니라 인간의 정신 작용을 변형할 수 있는 잠재력을 지니고 있다. 이러한 기술은 손상된 신경 기능의 복구나 대체를 가능하게 해 특히 신경학적 질환을 가진 환자들의 치료에 혁신적인 가능성을 제시한다. 더 나아가 건강한 개인의 인지 능력 향상이나 새로운 형태의 감각 경험 창출에도 활용될 수 있는 잠재력을 보여 주고 있다.

이제 BCI 기술은 단순한 도구를 넘어, 우리의 신경 활동을 직접적으로 기계와 연결함으로써 인간과 기계 사이의 경계를 근본적으로 허문다. 인간의 감정과 인식의 영역도 디지털 데이터로 변환될 가능성이 제기된다. 이는 철학적, 윤리적으로도 중요한 질문들을 제기하는데, 특히 인간의 정체성과 의식의 본질, 그리고 기술 증강된 인간의 윤리적 지위에 대한 새로운 논의를 촉발하고 있다. 더불어 이러한 기술 혁신은 프라이버시와 정보 보안, 인간의 자율성과 같은 중요한 윤리적 문제들도 수반한다.

BCI는 뇌 신호를 활용해 디지털 기기나 로봇을 제어하는 기술로, 가상현실(Virtual Reality, VR) 및 증강현실(Augmented reality, AR)과 결합하여 새로운 몰입 경험을 제공할 수 있다. 이러한 기술의 융합은 교육, 엔터테인먼트, 의료 재활 등 다양한 분야에서 혁신적인 응용 가능성을 보여 주고 있다. 특히 교육 분야에서는 학습자의 뇌 활동을 실시간으로 모니터링하며 최적화된 학습 경험을 제공할 수 있으며, 의료 분야에서는 외상 후 스트레스 장애나 공포증과 같은 정신적 질환의 치료에 새로운 접근법을 제시할 수 있다. 이를 통해 생각만으로 가상 환경을 조작하거나 감각을 자극해 더욱 생동감 있는 경험을 만들어 낼 수 있다. 이러한 기술은 신체적 제약을 가진 사람들에게 새로운 형태의 자유와 가능성을 제공할 수 있으며, 인간의 감각과 인지 능력의 확장을 통해 전혀 새로운 형태의 경험과 지각을 선사할 수 있다. 더불어 이러한 기술은 인간의 의사소통 방식을 근본적으로 변화시킬 잠재력을 가지고 있어, 언어의 장벽을 넘어 직접적인 생각과 감정의 교환이 가능해질 수도 있다. 두뇌와 컴퓨터 간 실시간 정보 교환을 통해 학습과 의사소통 방식에 혁신적인 변화를 가져올 수 있다. 이는 단순히 정보의 전달 속도를 높이는 것을 넘어, 지식의 습득과 공유 방식 자체를 변화시킬 수 있다. 예를 들어 복잡한 기술이나 언어를 직접적으로 두뇌에 '다운로드'하거나, 한 사람의 경험을 다른 사람이 직접적으로 체험할 수 있게 되는 등의 획기적인 변화를 구현할 수 있다. 이러한 기술의 고도화는 인류의 집단 지성과 문화적 진화에 새로운 차원을 열어 줄 것으로 기대된다.

BCI 기술의 발전

1960년대 후반부터 시작된 BCI 연구는 괄목할 만한 진전을 이루었다(Saha et al., 2021). 1973년, 비달(Jacques Vidal)은 '뇌-컴퓨터 인터페이스(Brain-Computer Interface, BCI)'라는 용어를 처음 도입했다. 당시 구상되었던 BCI 프로젝트는 뇌에서 발생하는 전기적 활동을 이용해 컴퓨터 프로그램을 제어하려는 목적을 가지고 있었다. 문헌에서 BCI를 지칭하는 다른 용어들도 발견되는데, 예를 들어, 뇌-기계 인터페이스(Brain-Machine Interface, BMI), 직접 뇌 인터페이스(Direct Brain Interface, DBI),

직접 신경 인터페이스(Direct Neural Interface, DNI) 또는 뇌 인터페이스(Brain-Interface, BI) 등이 있다. 이러한 용어들은 모두 동일한 개념을 지칭한다고 일반적으로 인정된다. 즉 뇌와 넓은 의미에서 컴퓨터의 인터페이스를 의미한다. 이는 이들 용어 대부분이 '인터페이스(Interface)'의 I를 공유하고 있다는 점에서도 확인할 수 있는데, 인터페이스는 인간-컴퓨터 상호작용(Human-Computer Interaction, HCI) 분야에서 흔히 사용되는 용어로, 상호작용 시스템을 설계하고 평가하며 구현하는 것을 목표로 한다(SI-Mohammed et al., 2019).

비달은 1977년에는 시각 유발 전위(Visual Evoked Potential, VEP)를 사용해 컴퓨터 화면의 커서를 움직여 미로를 탈출하는 실험을 수행했다. 그의 실험은 1973년 BCI 도전 과제 이후 처음으로 BCI가 적용된 사례로, 비침습적인 뇌전도(Electroencephalography, EEG)(정확히는 VEP)를 사용해 컴퓨터 화면에서 커서와 같은 그래픽 객체를 제어하는 실험이었다. 이 시연은 미로 속에서의 움직임을 보여 주었다(https://smartencyclopedia.org/content/brain-computer-interface 참조).

1980년대와 1990년대를 거치면서 BCI 기술은 꾸준히 발전했다. 뇌를 사용하여 물체를 직접 제어하는 것은 오랫동안 공상 과학의 영역에 속해 있었으나, 1988년에 그 비전이 현실이 되었다. 전기전자기술자협회(IEEE, The Institute of Electrical and Electronics Engineers) 멤버인 보지놉스키(Stevo Bozinovski)와 세스타코프(Mihail Sestakov), 보지놉스카(Liljana Bozinovska)는 인간의 EEG 신호를 사용하여 로봇이 폐회로 트랙을 따라 움직이는 실험을 성공적으로 수행했다. 이들의 성과는 EEG로 제어되는 드론, 휠체어, 외골격 로봇 등 다양한 기술 개발의 길을 열었다(Goodrich, 2023).

외부 자극 유도 EEG 반응에 인코딩된 명령 방법은 깜박이는 빛과 같은 외부 자극을 사용하여 EEG 반응을 생성하고, 이를 이용해 외부 객체를 제어하는 방식이다. 1990년대 초반에 이러한 BCI 수행 방식은 뇌 반응 인터페이스(brain-response interface, BRI)라고 명명되었다. 예를 들어, BRI는 특정 주파수로 깜박이는 컴퓨터 화면을 향해 눈의 시선을 유도한다. 사용자가 그 부분을 쳐다보면, 뇌는 자극 주파수의 함수로서 EEG에서 시각적으로 유발된 잠재성을 반사적으로 생성한다. 이 방법을 사용 시 일반적으로 화면의 특정 영역에서 생성된 깜박임에 시선을 맞추기 위해 눈 근육의 수축이 필요하다(Bozinovska & Adrijan, 2021). BCI 기술 진보는 초기의 초보적인 시스템에서 시작하여 이제는 마비 환자가 생각만으로 커서를 제어하고, 보철 사지를 움직이며, 심지어 비디오 게임을 즐길 수 있는 단계에 이르렀다. 이로써 신경 질환이나 사고로 움직임이 제한된 사람들의 삶의 질을 크게 향상하고 있다.

AI와 BCI의 융합

AI, 특히 머신러닝과 딥러닝의 발전은 BCI 발전의 핵심 동인이다(Mansoor et al., 2020). AI 알고리즘은 방대한 양의 뇌 데이터를 분석하여 패턴을 식별하고 인간의 의도를 전례 없는 정확도로 해독할 수 있다. AI는 이러한 진보의 중심에 있으며, 복잡한 뇌 신호를 해석하고 BCI 장치를 개인의 필요에 맞게 조정하는 데 중요한 역할을 한다. 기술적 성장은 BCI의 성능을 크게 향상하고, 더 많은 사람이 이 기술의 혜택을 누릴 수 있도록 하고 있다. 뉴럴링크와 같은 회사는 인간의 능력을 개선하고 알츠하이머병이나 파킨슨병과 같은 쇠약해지는 질병을 치료할 잠재력을 가진 더욱 정교한 BCI 시스템을 개발하고 있다. 이러한 양상은 BCI가 단순히 장애를 극복하는 도구를 넘어, 인간의 능력을 확장하고 향상할 수 있는 수단으로 진화하고 있음을 보여 준다.

현재 BCI 기술 개발의 주요 동향은 다음과 같다. (a) 의료적 응용 분야는 신경퇴행성 질환 치료(알츠하이머병, 파킨슨병 등의 조기 진단 및 치료), 운동 기능 회복(척수 손상, 뇌졸중 환자의 운동 기능 재활), 감각 기능 복원(시각, 청각 장애인을 위한 감각 신경 인터페이스), 정신건강 치료(우울증, 불안장애, PTSD 등의 새로운 치료 방법 개발), 통증 관리(만성 통증 조절을 위한 신경 자극 기술) 등이다. (b) 인지 능력 향상 분야는 기억력 증진(단기 및 장기 기억력 강화를 위한 신경 자극), 학습 능력 향상(새로운 기술이나 지식의 습득 속도 개선), 집중력 강화(주의력 조절 및 멀티태스킹 능력 향상), 감정 조절(스트레스 관리와 감정 안정성 향상) 등이다.

그러나 BCI 기술의 미래 전망은 다양한 기술적 과제와 사회적, 윤리적 도전 과제를 포함한다. 먼저, 기술적 측면에서 가장 큰 과제 중 하나는 장기간 안정적인 신경 신호 측정이다. 뇌에서 발생하는 미세한 전기 신호를 장시간 정확하게 포착하는 것은 매우 복잡한 일이다. 이를 가능하게 하기 위해서는 생체 적합성이 뛰어난 전극 재료가 필수다. 현재 의료용 전극은 시간이 지나면 신체의 반응으로 인해 성능이 저하되거나, 염증 반응을 일으킬 수 있다. 또 신경 신호를 정확하게 해석하고 처리하는 알고리즘의 개발 역시 중요한 기술적 과제다. 인간의 뇌 신호는 매우 복잡하며, 이를 해석하는 과정에서 노이즈를 줄이고 의미 있는 정보를 추출하는 것이 필수적이다. 현재는 AI 기반 알고리즘을 활용해 뇌 신호의 해석 능력이 발전하고 있으며, 향후에는 더 정교한 기계학습 모델이 개발되어 더욱 정확한 신경 데이터 처리가 가능해질 것으로 기대된다. 더불어 무선 전력 공급과 데이터 전송 최적화는 BCI 기기 상용화의 중요한 기술적 과제다. 장기간 사용을 위해서는 배터리 문제를 해결해야 하며, 기기가 신체 내부에 이식되는 경우 무선 충전 기술이 필요하다. 신경 신호 데이터를 무선으로 전송하는 방식도 중요하다.

의료적 측면에서도 여러 도전 과제가 있다. 가장 중요한 문제 중 하나는 BCI 장치 사용 시 발생할 수 있는 면역 반응을 최소화하는 것이다. 이는 장기적으로 신체 내에서 염증이나 기타 부작용을 방지하는 것이 핵심이다. 또 장기적 부작용에 대한 연구가 필요하며, BCI가 사용자의 건강에 미치는 영향을 지속적으로 모니터링해야 한다. 감염 위험 관리 역시 중요한 문제로, 기기 이식 과정에서 발생할 수 있는 감염을 최소화하기 위한 대책이 필수다. 이와 더불어 BCI 기기의 내구성 확보도 중요하다.

기기가 물리적으로 손상되지 않으면서도 장기적으로 신경 신호를 안정적으로 측정할 수 있어야 한다. 이런 점에서 볼 때, 미래 BCI 기술의 발전 방향에서는 기술 통합이 중요한 역할을 할 것이다. AI와의 융합을 통해 더욱 정교한 적응형 시스템이 개발될 것이며, 가상현실(VR)/증강현실(AR)과 결합하여 재활 치료나 학습 최적화 등의 새로운 응용 분야가 창출될 수 있다. 예를 들어, VR과 BCI 기술을 결합한 재활 치료 시스템은 환자의 회복 속도를 크게 향상할 수 있다. 또 네트워크와 연동해 실시간 모니터링이 가능해져 환자의 상태를 더 빠르고 정확하게 파악할 수 있을 것이다.

응용 분야도 교육, 스포츠, 군사, 엔터테인먼트 등으로 확장될 전망이다. 예를 들어, 교육 분야에서는 BCI 기술을 이용해 학생의 학습 속도를 개인 맞춤형으로 최적화할 수 있으며, 스포츠 분야에서는 BCI 기술이 선수의 수행 능력을 향상하는 데 활용될 수 있다. 군사 분야에서는 병사의 전투력을 증대하는 데 적용될 수 있으며, 엔터테인먼트 분야에서는 몰입감 있는 새로운 플레이 경험을 제공할 수 있다.

BCI 기술의 윤리적 도전과 사회적 과제

BCI 기술은 인간의 인지 능력을 증대하고, 새로운 형태의 인간-기계 상호작용을 가능하게 한다. 생각과 감정, 행동을 디지털 데이터로 변환하는 이 기술은 우리가 세계를 이해하고 소통하는 방식을 근본적으로 변화시킬 것이다. 특히 신경 신호를 디지털 정보로 변환하고 해석하는 과정에서, 인간의 사고와 감정이 데이터화하는 현상은 인간 경험의 본질에 대한 새로운 이해와 개념 정의를 요구한다. 이는 단순한 기술적 진보를 넘어서, 인간의 의식과 자아에 대한 근본적인 철학적 질문으로 이어진다.

휴머니즘은 오랫동안 인간의 옹호자로서 인간의 이성과 능력에 대한 믿음을 바탕으로 우리가 최대의 잠재력을 발휘하도록 이끌었다. 인본주의 심리학은 인간이란 무엇인지, 어떤 조건이 인간의 번영을 촉진하는지를 이해하고자 노력해 왔다. 인류는 노화를 포함해 인지 오류, 비자발적 고통을 넘어 인간의 가능성을 넓혀 갈 기회를 상상한다. 모든 개인이 더욱 향상된 정신, 개선된 신체로 보다 나은 생활을 누릴 수 있게 하는 신기술에 대한 접근성의 중심에는 트랜스휴머니즘을 지향하는 이상적인 비전이 자리 잡고 있다. 구체적인 트랜스휴먼 추구에는 노화 종식, 신체적 · 인지적 · 감정적 능력 향상 그리고 생물학적 존재 플랫폼(우리의 몸)에서 비생물학적 디지털화된 가상 존재 플랫폼으로의 전환(의식 업로딩)이 포함된다(박형빈, 2024).

인공지능 기술은 현실 상황을 변화시키는 물리적 작용이라는 측면에서 정신(mind)과 육체(body)를 구별한 데카르트(Rene Descartes)의 이원론에 정면으로 도전하고 있다. 다마지오(Antonio Damasio)가『데카르트의 오류(Descartes' Error: Emotion, Reason, and the Human Brain)』(1994)에서 펼친 마음과 신체는 불가분의 관계를 가지고 있다는 주장도 눈여겨볼 필요가 있다(박형빈, 2022).

BCI 기술 혁신은 인류에게 큰 희망을 주는 동시에, 인간 경험의 본질에 관한 깊은 윤리적 · 사회적 과제를 던져 준다. 신체 장애를 가진 사람들의 삶의 질을 획기적으로 개선할 가능성과 함께, 인지 능력 향상을 통한 인간 잠재력을 확장한다는 긍정적 전망이 있다. 반면, 이러한 기술이 인간의 자연스러운 발달과 학습 과정을 왜곡하거나, 인위적인 능력 향상이 부작용을 가져올 수 있다는 우려도 존재한다. 궁극적으로 BCI를 치료 목적으로 사용하는 것과 향상 목적으로 사용하는 것 사이의 구분이 불명확해질 수 있기 때문이다. 사회적으로 인간 향상의 허용 범위를 어디까지 인정할 것인지에 대한 논의가 필요하다. 임상시험 참가자의 권리 보호도 중요한 윤리적 과제다. BCI 기술의 발전 과정에서 새로운 임상시험이 필수적이므로, 시험에 참여하는 사람들의 안전과 권리가 보장되어야 한다. 다음은 BCI 기술 적용 전 검토해야 할 필수 질문이다.

첫째, 윤리적 측면의 질문들로 'BCI 기술의 사용이 인간의 존엄성과 자율성을 침해하지 않는가?', '치료 목적과 향상 목적의 경계를 어떻게 설정할 것인가?', '인간의 자연스러운 발달 과정을 방해하지 않는가?', '개인의 정체성과 진정성이 훼손될 위험은 없는가?', '인위적 능력 향상의 허용 범위를 어디까지 설정할 것인가?', '기술 사용자의 자기 결정권을 어떻게 보장할 것인가?' 등이다.

둘째, 의료적 안전성 관련 질문들로 '장기적인 부작용에 대한 충분한 연구가 이루어졌는가?', '기술의 안전성이 임상적으로 입증되었는가?', '비상시 대응 계획이 마련되어 있는가?', '개별 사용자의 특성을 고려한 맞춤형 안전 대책이 있는가?', '정기적인 모니터링과 유지보수 계획이 수립되어 있는가?', '부작용 발생 시 책임 소재가 명확한가?' 등을 제시할 수 있다.

셋째, 사회적 영향 평가 질문들로 '기술 접근성의 불평등이 새로운 사회적 격차를 만들지 않는가?', '교육과 취업 기회의 공정성이 훼손될 가능성은 없는가?', '기존 사회 제도와 조화로운 통합이 가능한가?', '사회적 차별이나 낙인이 발생할 우려는 없는가?', '보험 적용과 비용 부담에 대한 사회적 합의가 있는가?', '기술 의존도가 지나치게 높아질 위험은 없는가?' 등이 있다.

의료 비용과 접근성 문제는 BCI 기술이 대중적으로 사용될 때 해결해야 할 중요한 과제다. 예를 들어, 현재 BCI 기술은 매우 고가의 장비를 필요로 하기 때문에, 이를 상용화하기 위해서는 비용을 줄이고 보험 적용 범위를 설정하는 등의 노력이 필요하다. 또 의료 불평등을 해소할 방안이 마련되어야 하며, 모든 사람이 공평하게 이 기술에 접근할 수 있도록 해야 한다. 향후 노동 시장에 미치는 영향도 고려해야 한다. BCI 기술이 노동자의 능력을 향상할 경우, 특정 기술이나 능력을 갖춘 사람들이 우위를 점하게 되어, 새로운 형태의 불평등이 발생할 수 있다. 따라서 기술 발전에 따라 노동 시장에 미칠 영향을 면밀히 분석하고, 이에 대한 대비책을 마련해야 한다.

특별히 BCI와 AI의 융합은 인간의 자율성, 개인정보, 정체성, 평등에 대한 근본적인 질문을 던진다. 신경 데이터의 수집과 분석 과정에서 발생할 수 있는 프라이버시 침해의 위험성, 데이터 보안 문제, 이러한 정보의 상업적 활용에 대한 윤리적 고려가 필요하다. 더불어 인공지능과의 결합은 인간의 의사 결정 과정에 대한 외부 개입 가능성을 높이며, 이는 개인의 자율성과 주체성에 대한 새로운 도전이 된다. 제기할 수 있는 핵심 질문들의 유형과 내용은 다음과 같다.

첫째, 인간의 자율성과 정체성 관련이다. BCI 기술이 인간의 자유의지에 미치는 영향은 무엇인가? 신경 데이터의 알고리즘적 해석이 인간의 자기 이해와 정체성 형성에 어떤 영향을 미칠 것인가? 증강된 인지 능력이 인간의 본질적 특성을 변화시키는가? 기계와의 직접적 연결이 인간의 주체성을 약화하지는 않을까?

둘째, 프라이버시와 데이터 보안이다. 생각만으로 기기를 제어할 수 있는 세상에서 우리의 사적 영역은 어디까지일까? 신경 데이터의 수집과 저장에 대한 동의는 어떻게 이루어져야 하는가? 개인의 사고와 감정 데이터가 해킹당하거나 조작될 위험은 없는가? 신경 데이터의 소유권은 누구에게 있는가? 기술적 증강이 없는 '자연적' 인간의 사회적 지위는 어떻게 될 것인가?

셋째, 윤리적 규제와 거버넌스다. BCI 기술 개발과 사용에 대한 적절한 규제 체계는 무엇인가? 신경 데이터의 상업적 활용에 대한 제한은 어디까지 필요한가? 국제적 수준의 BCI 기술 표준과 윤리 지침은 어떻게 수립되어야 하는가? 기술 오용을 방지하기 위한 제도적 장치는 무엇이 필요한가?

넷째, 미래 전망과 준비다. BCI 기술 발전이 인류의 진화 방향에 미칠 영향은 무엇인가? 인간-기계 융합이 가져올 새로운 형태의 사회적 관계는 어떠할까? 뇌-컴퓨터 간 직접 소통이 언어와 문화에 미칠 영향은 무엇인가? 다음 세대를 위한 교육과 준비는 어떻게 이루어져야 하는가?

이러한 질문들은 BCI 기술 도입 전 철저한 검토와 준비를 위한 기초가 되며, 동시에 BCI 기술의 발전 방향을 결정하는 중요한 지표가 될 것이다. 이에 각 상황과 맥락에 맞게 더욱 구체화되고 보완될 필요가 있으며, 사회적 합의와 제도적 준비가 필요하다. 또 이러한 질문들에 대한 답변은 지속적으로 업데이트되고 재평가되어야 한다. 기술의 발전이 인류의 진보로 이어지기 위해서는 이러한 근본적 질문들에 대한 깊은 성찰과 토론이 선행되어야 할 것이다.

우리는 인류 역사상 가장 흥미진진한 시대의 문턱에

서 있다. 이 혁명적 기술의 잠재력을 최대한 활용하면서도 인간의 존엄성과 자유를 지키고, 그 혜택이 모두에게 공평하게 돌아가도록 해야 한다. 기술 발전의 방향을 윤리적으로 재고하고 더 나은 미래를 설계하는 것이 우리의 책임이다.

참고문헌

박형빈(2022). 『인공지능윤리와 도덕교육』. 씨아이알.

박형빈(2024). 『AI윤리와 뇌신경과학 그리고 교육』. 어문학사.

Bozinovska, L. & Adrijan, B.(2021). EEG-Emulated control circuits for brain-machine interface. In Nakano, H.(2021). Electroencephalography - From basic research to clinical applications. IntechOpen. doi: 10.5772/intechopen.94373

Feng, J., et al.(2024). Human brain computing and brain-inspired intelligence. *National Science Review*, 11(5), nwae144, https://doi.org/10.1093/nsr/nwae144

Goodrich, J.(2023.12.16). 35 Years ago, researchers used brain waves to control a robot the achievement has paved the way for other EEG-controlled devices such as drones. *IEEE Spectrum*, https://spectrum.ieee.org/brain-waves-control-a-robot

Mansoor, A., et al.(2020). Deep learning algorithm for brain-computer interface. *Scientific programming*, 2020(1), 1-12. https://doi.org/10.1155/2020/5762149

Saha, S., et al.(2021). Progress in brain computer interface: Challenges and opportunities. *Frontiers in Systems*

Neuroscience, 15.
https://doi.org/10.3389/fnsys.2021.578875

SI-Mohammed, H., et al.(2019). Defining brain-computer interfaces: A human-computer interaction perspective. In GBCIC 2019-8th Graz brain-computer interface conference(pp. 1-4). hal-02163771

Smart Encyclopedia(2023.8.24). Brain - computer interface. https://smartencyclopedia.org/content/brain-computer-interface

01
BCI의 기초: 인간과 기계 연결의 새로운 지평

BCI는 뇌 신호를 디지털화하여 기계를 제어하는 기술로, 1929년 한스 베르거의 EEG 연구로 시작되었다. 초기에는 장애인을 위한 보조 기기로 발전했으며, 뉴럴링크 등의 침습형 BCI가 정교한 제어를 가능하게 했다. 비침습형 BCI는 다양한 산업으로 확장되며 의료, 게임, 재활 등에서 활용될 전망이다.

AI와 1인 창업?

BCI의 기본 개념과 역사: 언제, 어떻게 시작되었나?

BMI(Brain-Machine Interface, 뇌-기계 인터페이스)는 뇌 내의 전기 활동을 모니터링하고 기록한 후 획득한 데이터를 디코딩하여 유용한 정보를 추출하는 신경 기술을 말한다. 기술의 진보는 컴퓨터 과학 및 기술의 발전과 뉴럴링크(Neuralink), 블랙록 뉴로테크(Blackrock Neurotech) 등 선도적인 연구 기관 및 민간 기업이 수행한 연구에 기인한다. 한스 베르거(Hans Berger)는 1929년에 EEG에 관한 연구 논문을 발표하고, 인간의 뇌에서 전기적 활동을 기록하는 기술을 개발했다. 그는 두피 전극을 통해 인간 뇌의 전류를 처음으로 감지했다. 그의 1920년대 작업은 현대 EEG의 기초를 마련했으며, 이는 신경학(neurology)과 신경과학(neuroscience)의 중요한 도구다. BCI 기반 시스템의 중요한 요소 중 하나는 뇌 진동의 측정이다. EEG-BCI 시스템은 사용자의 현재 작업에 대한 신경 활동을 나타낸다(Dhiman, 2023).

1960년대 조 카미야(Joe Kamiya)는 EEG 기록에서 인간 자원자가 의도적으로 제어할 수 있는 특정 특징을 확인했다. 외부 장치를 명령하기 위해 전기 뇌 활동을 활용한 첫 실험은 몇 년 후 원숭이를 대상으로 수행되었다.

이후 EEG를 통해 환자는 오직 생각만으로 화면의 커서를 제어할 수 있게 되었다. 이는 BCI 용어의 출현으로 이어졌으며, 두개골 내부에 기록 전극을 배치하는 침습적 연구에서는 BMI라는 용어로 대체되는 경우가 많다(Karami, 2024). 그동안 뇌와 컴퓨터의 직접적인 상호작용은 단순 통신 프로그램에서 정교한 BCI 제어 애플리케이션으로 발전했다. 환자들을 대상으로 많은 연구가 수행되었다(Kübler, 2020). BCI의 초기 연구는 주로 장애인을 위한 보조 기기로서의 가능성을 탐구하는 데 중점을 두었다.

뉴럴링크는 2016년 설립된 신경 기술 회사로, 외부 장치와 뇌 사이의 초정밀 양방향 통신을 가능하게 하는 혁신적인 기술을 개발해 왔다. 뉴럴링크의 첫 제품인 텔레파시는 사지 마비 환자가 자신의 생각만으로 컴퓨터를 제어해 체스 조각을 움직이고 체스를 두게 하는 데 성공했으며, 차기 제품인 '블라인드사이트(Blindsight)'는 시력 회복에 도움이 될 것으로 기대되며 원숭이를 대상으로 한 실험에서 초기 성공을 거두었다(Waisberg et al., 2024). 2023년 인간 시험 모집 승인을 받은 후, 2024년 1월 첫 번째 인간 환자에게 칩을 성공적으로 이식했고, 같은 해 8월 척수 손상을 가진 환자에게 기기를 이식했음을 발표했다. 이 기기는 마비된 환자가 생각만으로 디지털 기기를 제어할 수 있도록 설계되었다. AI의 등장은 BCI, 특히 신경 보조 장치의 기능을 크게 향상했으며 (Pulicharla & Premani, 2024), 인간 신경과학과 의학 분야에서 놀라운 잠재력을 보여 준다. 그러나 동물, 특히 개와 관련된 응용은 아직 대부분 탐구되지 않은 상태다 (Kulgod, 2024).

BCI의 유형과 작동 방식: 침습형 뉴럴링크부터 비침습형 EEG까지

BCI는 특정 정신 활동과 관련된 뇌의 전기생리학적 신호 사이의 명확하게 정의된 상관관계를 이용한다. BCI는 인간의 뇌와 외부 장치의 격차를 직접적으로 메울 수 있는 혁신적인 기술로 떠올랐다. 뇌 신호를 제어 명령으로 변환함으로써, BCI는 장애를 가진 사람들이 주변 세계와 상호작용하고 통제권을 되찾을 수 있는 독특한 길을 제공한다. BCI는 전통적인 신경근 경로를 우회하여 뇌와 외부 장치 간의 직접적인 통신 경로를 제공한다. AI의 등장은 BCI, 특히 신경 보조 장치의 기능을 크게 향상했으며, 심각한 언어 또는 운동 장애를 가진 사람들을 위한 새로운 의사소통을 가능하게 했다. 예를 들면, BCI에서의 신경 보조 장치의 진화를 생각할 수 있다. 신경 보조 장치는 제한된 기능을 제공하는 간단한 장치에서 자연스러운 움직임과 감각을 모방할 수 있는 정교한 시스템으로 진화해 왔다. AI의 통합은 이 진화에서 중추적인 역할을 하여 신호 해석과 장치 응답성의 속도와 정확성을 향상했다. 기계학습(Machine Learning, ML) 알고리즘은 BCI에서 AI 응용의 핵심이다. 이러한 알고리즘은 컴퓨터가 데이터를 기반으로 학습하고 예측이나 결정을 내릴 수 있게 하여 인간의 뇌가 생성하는 복잡하고 잡음이 많은 동적 신호를 해석하는 데 중요한 역할을 한다. BCI에서 기계학습 알고리즘은 주로 신호 처리, 특징 추출 및 신경 패턴 분류에 사용된다. 이들은 특정 생각, 의도 또는 명령과 관련된 특정 뇌 신호 패턴을 인식하도록 명시적으로 프로그래밍되지 않고도 식별할 수 있다. 이러한 알고리즘은 화면의 커서를 움직이거나 로봇 팔을 제어하는 것과 같은 특정 명령과 뇌 신호 패턴을 연관 짓는 법을 배운다. BCI에서는 다양한 AI 기법이 이용된다. 기본적인 기계학습 알고리즘을 넘어, BCI는 더 정교한 신호 처리, 분류 및 디코딩 작업을 위해 심층학습(Deep Learning)과 같은 고급 AI 기법을 광범위하게 사용한다. 심층학습은 여러 계층(딥 네트워크)을 가진 신경망을 사용하여 데이터의 복잡한 패턴을 모델링하는 ML의 하위 집합이다. 심층 신경망(Deep Neural Network, DNN)은 원시 뇌 신호에서 특징을 추출하는 데 특히 능숙하여 수동 특징 선택의 필요성을 크게 줄인다. 심층학습 모델은 복잡한 패턴을 분류하고 신경 데이터에서 사용자 의도를 디코딩하는 데 뛰어나다. 이는 고차원 데이터를 처리하고 전통적인 기계학습 방법으로 접근하기 어려운 표현을 학습하여 뇌 활동을 특정 명령이나 행동으로 변환하는 데 이상적이다. 컨볼루션 신경망(Convolutional Neural Networks, CNN)과 장단기 메모리(Long Short-Term Memory, LSTM) 네트워크를 포함한 순환 신경망(Recurrent Neural Networks, RNN)은 EEG 신호와 같은 시계열 데이터를 처리하고 해석하는 데 일반적으로 선택되는 방법이다. AI가 BCI 성능을 향상하는 방법 가운데 하나는 신호 대 잡음비 향상 및 불필요한 뇌 활동 필터링이다. 심층학습을 포함한 AI 알고리즘은 BCI 응용에서 신호 대 잡음비(Signal-to-Noise Ratio, SNR)를 크게 향상할 수 있다. 이들은 관련 신경 신호와 잡음 또는 불필요한 뇌 활동을 구분하도록 학습함으로써 이를 수행한다. 이 능력은 해석된 신호의 정확성과 신뢰성을 보장하여 연결된 장치나 보철 장치에 대한 더 정밀한 제어를 가능하게 하기 때문에 BCI에 매우 중요하다. 기계학습 및 심층학습 기법을 통해 AI는 신호 처리를 향상하고, 사용자별 패턴에 적응하고, 정확한 의도를 예측함으로써 BCI의 성능과 사용성을 향상할 뿐만 아니라, 보조 기술 및 신경 재활에서의 중요한 발전을 약속하며 그 잠재적인 응용 범위를 넓히고 있다(Pulicharla & Premani, 2024).

신호를 기록하기 위해 사용되는 센서의 위치에 따라 BCI 시스템은 다음과 같이 분류될 수 있다. 먼저, 비침습적 BCI는 센서를 두피에 배치하여 뇌에서 생성된 전기 잠재력을 측정하는 EEG 또는 자기장을 측정하는 자기뇌파(Magnetoencephalography, MEG) 기술을 사용한다. 다음으로 반침습적 BCI는 노출된 뇌 표면에 전극을 배치하는 전기피질도(ECoG) 방식을 사용한다. 침습적 BCI는 마이크로 전극 배열을 뇌 피질에 직접 삽입한다(Panoulas et al., 2010). 비침습적이며 시간 해상도가 높고 비교적 저렴한 EEG 기반 BCI-EEG 인터페이스는 일상적인 사용을 위한 대규모 배포 관점에서 주요 BCI 기술이다. 특히, 사용자가 신체 일부의 움직임을 상상하여 뇌 활동을 변화시키는 모터 이미징 BCI 패러다임에 중점을 둔다. BCI는 원래 의료 목적으로 만들어졌지만, 영역이 확장되어 드론 제어, 신경 질환 재활, 가상 및 증강 현실, 비디오 게임 등의 비의료 응용 분야에도 사용되고 있다. 그러나 일부 연구에서는 현재 기술로는 만족할 만한 정확도를 달성할 수 없다고 추정한다(Carrara & Papadopoulo, 2024). 이 문제는 BCI 시스템의 일반화를 저해하기 때문에 향후 응용 가능성에 큰 제한을 초래한다.

BCI의 주요 발전과 혁신적 가능성

BCI는 뇌에서 신호를 획득하고 이를 분석하여 특정 기능을 수행하기 위해 출력 장치로 전송되는 명령으로 변환하는 컴퓨터 기반 장치다. 이 기술의 핵심은 본질적으로 전기적 자극인 신경 활동을 포착하는 데 있다. 이러한 정보는 외과적 이식이 필요한 뇌전도(ECoG)와 같이 침습적으로 수집할 수도 있고, 외부에서 작동하는 뇌파(EEG)와 같은 기술을 사용하여 비침습적으로 수집할 수도 있다.

신경계와 인터페이스하는 이식형 장치는 새로운 것이 아닌데, 예를 들어 뇌 심부 자극술(Deep Brain Stimulation, DBS)은 1997년부터 운동 장애 관리를 위해, 2009년부터 강박장애(obsessive compulsive disorder, OCD)

와 같은 특정 정신 질환 관리를 위해 미국 식품의약국(FDA) 승인을 받았다. BCI는 이전에 사용된 기술과는 달리 매우 정교하고 맞춤화된 신경 조절을 개발할 기회를 제공한다. BCI는 일반적으로 신호 획득 장치, 신호 추출, 신호 번역 및 출력 장치의 네 가지 구성 요소로 이루어져 있다. 또 BCI는 수동형, 능동형 및 반응형으로 분류되는데, 수동형 BCI는 비자발적 인지 상태의 뇌 활동을 디코딩하며, 능동형 BCI는 자발적 활동을 디코딩한다. 반응형 BCI는 사용자의 환경에서 외부 자극에 반응하여 유발된 뇌 신호를 해석한다. 신호 획득 시스템은 침습형, 비침습형 또는 부분 침습형으로 분류된다. 침습적 신경 인터페이스는 피질 내 미세 전극(Intracortical Microelectrodes, IM)을 사람의 뇌에 직접 이식해야 하므로 가장 높은 효과를 거두지만 위험성이 크다. 비침습적 신경 인터페이스는 전극을 이식하지 않고 EEG, MEG 또는 기능적 자기 공명 영상을 사용하여 머리 표면에서 뇌 활동을 분석한다. 반침습적 BCI는 뇌 표면의 두개골 아래에 전극이 위치하며 뇌전도(ECoG)를 사용한다. 현재 침습적 및 반침습적 신경 인터페이스는 주로 장애인의 삶의 질 향상을 위해 의료 환경에서 활용되고 있다. 한편, 비침습적 신경 인터페이스는 게임 산업에서 주목을 받고 있다

(Peksa & Mamchur, 2023).

현재 가장 일반적인 방식은 비침습적 EEG를 이용한 것이다. 침습형 전극은 뇌피질 내부에 위치시켜 ECoG를 통해 신호 대 잡음 비율을 개선하고 뇌 활동의 정확한 위치를 확인할 수 있다. 대부분의 BCI는 신호를 효과기 명령으로 변환하지만, 경두개 자기 자극과 같은 새로운 기술을 통합하여 특정 뇌 영역을 자극할 수 있는 실험적 BCI도 있다. 신경 인터페이스의 응용 분야는 다양하고 혁신적이다. BCI의 예상 응용 분야는 연구 및 개발 단계에서 초기 임상 적응으로 진행됨에 따라 손상된 신경 기능의 회복에 중점을 두고 있다. BCI로 척수 손상, 뇌성마비 및 뇌졸중과 같은 상태를 치료할 것으로 예상된다. 최근에는 BCI가 간질 환자의 발작 예측에 적용되고 있다(Howard, 2024). 가까운 미래에 스마트폰이 인간의 생각을 기록할 수 있을 것으로 예상되며, 이 분야에 대한 연구도 계속되고 있다.

BCI는 뇌 손상 환자의 신경 재활에 중추적인 역할을 해 왔으며, 가상현실과의 통합으로 인지 훈련과 명상에 혁신적인 변화를 가져왔다. 또 심해 탐사와 군사 작전 같은 고위험 분야에서도 그 견고함과 다재다능함을 입증하고 있다. 촉각 사건관련전위(Event-Related Potential,

ERP) 기반 BCI에 대한 연구는 효율적인 사용자 경험을 위해 일치하는 제어-디스플레이 매핑의 중요성을 강조했다. 이 측면은 인간 사용자와 컴퓨터 시스템 간의 상호작용이 직관적이고 효과적이라는 것을 보장하는 데 매우 중요하다. 앞으로 인간 재활, 개인 맞춤형 사용, 인지 향상 분야에서 혁신적인 신경 기술이 개발되고 확산될 것으로 예상된다. 새로운 재료와 알고리즘 덕분에 뇌를 능동적으로 모니터링하고 뇌와 상호작용할 수 있는 바이오하이브리드 및 뉴로모픽 시스템의 개발이 가능해졌다. 이를 통해 의사 결정 개선, 기분 장애 조절 등 다양한 개선 작업에 활용되고 치료 과제를 해결하는 새로운 BCI가 제안되고 있다(Sonko et al., 2024).

참고문헌

Carrara, I. & Papadopoulo, T.(2024). Classification of BCI-EEG based on the augmented covariance matrix. *IEEE Transactions on Biomedical Engineering*, 71(9), 2651-2662.

Dhiman, R.(2023). Machine learning techniques for electroencephalogram based brain-computer interface: A systematic literature review. *Measurement: Sensors*, 28, 100823.

Howard, P.(2024). What is the most important innovation in neurosurgical practice that will emerge in the next 10 years?.

The British Student Doctor Journal, 7(1), 33–39.

Karami, M. M.(2024). Neuroscience and brain–computer–interface: bridging medicine and technology for advancing patients care. *Pharmacophore*, 15(1), 6–13.

Kübler, A.(2020). The history of BCI: From a vision for the future to real support for personhood in people with locked–in syndrome. *Neuroethics*, 13, 163 – 180.

Kulgod, A.(2024). Towards canine brain – computer interfaces (BCIs). *Advanced Robotics*, 38(14), 967 – 982.

Liu, S., et al.(2024). Exploring superpower design through wi–fi twinge. In Proceedings of the eighteenth international conference on tangible, embedded, and embodied interaction (TEI '24)(pp. 1–16). New York, NY: Association for Computing Machinery.

Panoulas, K. J., et al.(2010). Brain–computer interface (BCI): Types, processing perspectives and applications. In Tsihrintzis, G.A., & Jain, L.C.(Eds). *Multimedia services in intelligent environments: integrated systems*(pp. 299–321). Berlin: Springer.

Peksa, J. & Mamchur, D.(2023). State–of–the–art on brain–computer interface technology. *Sensors*, 23(13). https://doi.org/10.3390/s23136001

Pulicharla, M. R. & Premani, V.(2024). AI–powered neuroprosthetics for brain–computer interfaces (BCIs). *World Journal of Advanced Engineering Technology and Sciences*, 12(1), 109–115.

Sonko, S., et al.(2024). Neural interfaces and human–computer interaction: A US review: Delving into the developments, ethical considerations, and future prospects of brain-computer interfaces. *International Journal of Science and Research Archive*, 11(1), 702-717.

Waisberg, E., et al.(2024). The potential to restore vision with Neuralink's "Blindsight" neural interface technology. *The Pan-American Journal of Ophthalmology*, 6(3), 84.

02
BCI의 핵심 기술: AI 융합과 신경 신호 처리

EEG와 같은 비침습적 뇌 신호 기술은 경제성과 휴대성 덕분에 BCI에서 널리 사용되며, 특히 재활 의학과 기계 제어에서 활발히 적용된다. AI와 기계학습 알고리즘의 발전으로 BCI는 더 정교한 신호 처리와 사용자 맞춤형 제어가 가능해졌고, 로봇 보철, 휠체어, 외골격 등 다양한 혁신적 응용 분야에서 중요한 역할을 하고 있다.

AI와 MBTI?

BCI와 신경 신호 처리

BCI는 뇌 활동을 측정하고 이를 컴퓨터나 기타 기기에 대한 명령으로 변환하여 사용자가 생각만으로 기계와 기기를 제어할 수 있게 해 준다. 인터페이스의 작동은 일반적으로 전극이 뇌 신호를 감지한 다음 BCI 마이크로컨트롤러가 처리하여 외부 및 장치별 요인으로 인한 노이즈나 아티팩트를 제거하는 방식으로 구성된다. 그 후, 획득된 신호를 분석하여 해당 명령을 식별하는데, 인공 신경망은 데이터 처리 및 적응 능력이 뛰어나기 때문에 이러한 목적으로 자주 활용된다. 감지된 명령은 일반적으로 사전 프로그래밍된 알고리즘에 따라 추가 처리를 위해 외부 장치로 전송되지만, 고도로 전문화된 시스템이 이 작업을 직접 수행할 수도 있다. 수신된 명령은 제어 장치에서 특정 특성에 따라 해석된다(Peksa & Mamchur, 2023). 인간의 뇌는 생각하거나 작업을 수행할 때 다양한 기능적 신호를 생성한다. BCI는 환자의 정신 상태를 분석한 후 외부 장치를 제어하는 시스템이다.

연구자들과 기업들은 보안성과 편리성 때문에 비침습적 BCI를 선호한다. 많은 비침습적 뇌 영상 기술 중에서, EEG와 기능적 근적외선 분광법(functional near-infrared spectroscopy, fNIRS)은 재활 의학, 기계 제어, 군사 응용 및 기타 분야에서 경제성, 편리성 및 휴대성 때문에 널리 사용되고 있다. EEG는 밀리초 단위의 시간 해상도와 풍부한 주파수 도메인 정보를 제공하는 전기생리학적 영상 기법이지만, 부피 전도 효과로 인해 공간 해상도가 낮다는 한계가 있다.(Gao et al., 2023).

뇌파는 두피에 부착된 전극을 통해 뇌의 뉴런이 생성하는 전기 신호를 측정하여 다양한 인지 기능과 관련된 신경 활동에 대한 자세한 정보를 연구자에게 제공한다. 뇌파 신호는 인간 뇌의 주파수 활동을 시각적으로 표현한 것으로, 일반적으로 BCI 시스템의 입력으로 사용된다. 뇌파는 신경 질환의 진단 및 치료, 수면 패턴 모니터링, 주의력 및 기억력과 같은 인지 과정을 연구하는 데 사용되어 왔다. 최근에는 기술의 발전으로 이전보다 더 작고 정확하며 사용하기 쉬운 뇌파 센서의 개발이 가능해졌다. 뇌파 센서는 두피나 신체의 다른 부위에 부착한 전극을 사용하여 뇌의 뉴런이 생성하는 전기적 활동을 측정한다. 시간 경과에 따른 이러한 활동을 모니터하여 임상의는 수면이나 각성 상태와 같은 다양한 정신 상태와 관련된 변화를 감지할 수 있다. 또한 발작이나 뇌졸중 관련 손상의 증거 등 특정 유형의 비정상적인 뇌 활동도 EEG 판독을 통해 감지할 수 있다. 뇌파 기록에서 수집한 데이터를 분석하여 주의 집중력이나 기억 회상 속도와 같은 인지 능력을 평가할 수도 있다. 뇌파 신호의 전반적인 품질은 전극의 양과 배치에 영향을 받는다(Peksa & Mamchur, 2023).

fNIRS는 빛을 사용하여 뇌의 산소화 및 탈산소 헤모글로빈 농도 변화를 측정하는 비침습적 뇌 영상 기술이다. fNIRS는 피질의 지역 및 전체 활동을 모두 측정하는 데 사용할 수 있으므로 신경 활동을 실시간으로 모니터링할 수 있다. fNIRS의 이미징 원리는 600~900nm의 근적외선에 대한 혈액 주요 구성 요소의 좋은 산란을 이용하여 뇌 신경 활동 동안 산소화 헤모글로빈(HbO)과 탈산소화 헤모글로빈(HbR) 농도의 변화를 얻는 것이다(Gao et al., 2023). 이 기술은 운동 이미지, 언어 처리, 정서 상태 인식, EEG/ERP(Event-Related Potential) 소스 로컬라이제이션과 같은 BCI 애플리케이션에 적용되었다. EEG와 마찬가지로 센서의 수와 배열은 중요한 고려 사항이다. 자기뇌파는 뉴런 내부의 전류에 의해 생성되는 자기장을 측정하는 비침습적 뇌 영상 기법이다. 뛰어난 공간 정확도와 함께 높은 시간적 해상도를 제공하며, 주의력이나 기억 형성 등 인지 과정과 관련된 신경 활동의 변화를 시간에 따라 추적하는 데 사용할 수 있다.

MEG(Magnetoencephalography, 자기뇌파)는 청각적 BCI 연구에 사용되어 왔지만 시각적 BCI뿐만 아니라 MEG와 EEG 또는 fMRI와 같은 다른 모달리티를 결합한 다중 모달 접근법의 잠재력도 보여 준다(Peksa & Mamchur, 2023).

BCI와 AI 알고리즘 및 머신러닝

뇌-컴퓨터 인터페이스(BCI) 기술은 신경 기술의 신흥 분야로, 뇌졸중이나 척수 손상과 같은 신경근육 질환을 가진 사람들의 전반적인 삶의 질을 향상하기 위해 다양한 분야에서 활용되고 있다. 현재의 보철 기술, 보조 및 재활을 대체할 수 있는 하나의 가능성은 BCI, 로봇공학, 신경과학, 머신러닝, 딥러닝을 통합한 시스템이다.

BCI는 뇌 활동을 통해 구동되는 사용하기 쉬운 기술 지원 및 로봇 보철을 제공한다. BCI를 통해 사용자의 뇌 활동은 적절한 장비에서 미리 정의된 작업을 수행하는 데 필요한 출력 명령으로 변환될 수 있다. 행동 훈련 및 회복을 지원하는 보다 발전된 신경생리학적 설루션(solution)은 재활 기술의 기초다. 예를 들어, 작업자의 신경운동 활동에 따라 로봇 가이드 시스템이 손상된 팔다리의 움직임을 도울 수 있다. BCI 응용 프로그램의 주요 목적은 심각한 운동 장애를 가진 사람들이 일상생활에서 지원을 받도록 하는 것이다. BCI는 근골격계 질환으로 고통받는 장애인의 재활에 도움이 될 수 있는 직접적인 뇌-기술 접촉을 제공한다(Elashmawi et al., 2024).

BCI는 뇌가 잃어버린 운동 기능을 개선하거나 복원하는 데 도움이 될 수 있다. 실례로 2024년 8월, '새로운 뇌-컴퓨터 인터페이스로 루게릭병 환자가 다시 말을 할 수 있게 되다'라는 제목의 기사가 보도되었다. UC 데이비스 헬스에서 개발한 BCI는 뇌 신호를 최대 97% 정확도로 음성으로 변환하는 시스템으로 소개되었다. 연구진은 근위축성 측삭 경화증(amyotrophic lateral sclerosis, ALS)으로 인해 심각한 언어 장애를 앓고 있는 남성의 뇌에 센서를 이식했다. 이 남성은 시스템을 활성화한 후 몇 분 만에 자신이 의도한 말을 전달할 수 있었다. 이 연구에 대한 논문은 ≪뉴잉글랜드 의학 저널(The New England Journal of Medicine)≫에 게재되었다(https://www.nejm.org/doi/full/10.1056/NEJMoa2314132 참조)

BCI 휠체어, 스펠러, BCI 외골격, BCI 의수, BCI 로봇 등과 같은 다양한 BCI 혁신은 BCI 과학 연구의 결과다.

이러한 놀라운 업적은 무엇보다도 뇌파 영상 기술이 있었기에 가능했다. 1970년부터 뇌파는 광범위하게 연구되어 왔다. 다양한 비침습적 BCI 패러다임이 달성되었고 이 과정에서 이러한 포괄적인 뇌파 지식이 활용되었다. 신호 처리 시스템에는 필터링, 속성 마이닝, 신호 분류의 세 가지 주요 기능이 있다(Janapati et al., 2023).

오랫동안 BCI 개발은 주로 특정 단순한 뇌 패턴에 국한되었으며, 복잡한 뇌 패턴에 의존하는 다른 BCI 애플리케이션 개발은 실현 불가능한 것으로 인식되었다. 그러나 생성형 AI(Generative AI, GAI)는 최근 다양한 BCI 개발 애플리케이션에서 합성 뇌 활동을 생성하여 기록된 뇌 활동을 증강하는 데 사용되고 있다. GAI 기술은 BCI 시스템의 보정을 위해 기록된 제한된 EEG 데이터를 증강하기 위해 합성 EEG 데이터를 생성하는 데 사용되기도 한다. 여러 응용에서 사용되는 EEG 패턴 중 하나는 P300 패턴이다. 이 패턴은 희귀한 예상 자극이 제시된 후 약 300ms 뒤에 EEG 신호에서 나타나는 양의 피크를 의미한다. 이러한 자극은 청각적이거나 시각적일 수 있다. P300 기반 BCI 시스템은 일반적으로 기계학습 이진 분류기를 사용하여 P300 패턴과 배경 활동(비-P300)을 구별한다. 수용 가능한 주제 종속 분류 정확도를 달성하기 위해 많은 수의 실험이 요구되며, 하나의 에포크는 보통 하나의 목표에 대해 10번 이상의 실험으로 구성된다. 이에 따라 제한된 데이터 양을 보완하기 위해 GAI 기술이 도입되었다. 이 작업에는 다양한 생성적 적대 신경망(Generative Adversarial Network, GAN) 아키텍처가 사용되었다. 이러한 GAN들은 모두 합성곱 신경망(Convolutional Neural Network, CNN)을 기반으로 한다. CNN 아키텍처는 생성기와 판별기 모두에서 사용되며, 때로는 순환 신경망(Recurrent Neural Networks, RNN)도 함께 사용된다. GAI를 사용하면 필요한 훈련 데이터의 양을 줄일 수 있으며, 이는 보정 시간을 단축하고 사용자에게 불편함을 덜어 줄 수 있음을 시사한다. 또 다른 EEG 패턴으로는 정상상태 시각유발전위(Steady-state Visual Evoked Potential, SSVEP)가 있으며, 이 패턴은 깜빡이는 시각적 자극의 주파수 스펙트럼을 닮은 EEG 신호의 주파수 스펙트럼을 기록하는 것으로 특징지어진다(Eldawlatly, 2024).

BCI 시스템은 두 가지 모드로 분류할 수 있다. 첫째 모드는 큐 기반 컴퓨터 구동 방식인 동기식 BCI이고, 비동기식 BCI는 큐 기반이 아닌 사용자 구동 방식인 둘째 모드다. 뇌 활동은 fMRI, MEG 및 EEG와 같은 비침습적 방법으로 조사할 수 있다. 대표적인 BCI 시스템은 EEG에 의존한다. EEG 기반 BCI 시스템은 사용이 간편하고 비용이 저렴하기 때문에 다양한 실시간 구현을 지원한다. BCI는 일반적으로 감각운동 리듬(Sensorimotor Rhythm, SMR), 사건 관련 전위(Event-Related Potential, ERP), 시각 유발 전위(Visual Evoked Potential, VEP) 및 느린 피질 전위(Slow Cortical Potential, SCP)를 사용한다. 이 중 BCI 시스템을 사용하는 SMR은 혀, 손, 팔, 발과 같은 실시간으로 운동 이미지 활성화와 연계되어 많은 자유도를 제공한다. 운동 이미지(Motor imagery, MI)는 개인이 근육을 움직이지 않고 신체 활동을 수행하는 것을 상상하는 인지 과정이다. 현재 뇌파는 다양한 범주의 MI 신호를 식별할 수 있다. 이러한 MI 신호는 충분한 훈련 세션을 거친 후 BCI 시스템을 제어할 수 있다. MI-BCI 시스템을 기반으로 하는 감각운동 리듬과 관련된 뇌파 신호 활동은 뮤(8-13Hz) 및 베타(14-30Hz) 리듬으로 알려져 있다. 전도(EEG)는 10～20 전극 시스템을 사용하여 두피에 부착된 전극으로 대뇌에서 생성된 생체 전기 신호를 기록하는 것이다. BCI 시스템의 근본적인 구성 요소는 신경 세포의 생체 전기 활동이다. 인간의 뇌에는 수백만 개의 신경 세포가 존재하며, 이 신경 세포들이 활성화될 때 뇌의 표면에서 전압 변동이 발생한다. 이러한 전압 변동은 다양한 BCI 응용에 유용할 수 있다. 뇌 신호는 다섯 가지 주요 주파수 범위로 구분되며, 이 주파수 범위는 델타(0.5~4 Hz), 세타(4~7 Hz), 알파(8~15 Hz), 베타(12~30 Hz), 감마 리듬(32 Hz 이상)이다. EEG-BCI 시스템에서는 신호 획득, 전처리, 특징 추출, 분류가 네 가지 중요한 단계다. BCI 시스템에서 가장 어려운 부분은 특징 추출이다. 추출된 특징은 신호에 포함된 중요한 정보를 나타낸다. BCI 시스템은 신호 획득, 전처리, 특징 추출, 분류의 네 가지 모듈로 구성된다. 특징 추출 방법을 통해 EEG 신호로부터 작업 특화된 시간 도메인, 주파수 도메인, 시간-주파수 기반의 특징이 도출된다. 분류 과정은 응용에 따라 추출된 특징을 사용자 의도를 나타내는 출력으로 변환하는 것을 목표로 한다(Dhiman, 2023).

참고문헌

Dhiman, R.(2023). Machine learning techniques for electroencephalogram based brain–computer interface: A systematic literature review. *Measurement: Sensors*, 28. https://doi.org/10.1016/j.measen.2023.100823

Elashmawi, W. H., et al.(2024). A comprehensive review on

brain－computer interface (BCI)－based machine and deep learning algorithms for stroke rehabilitation. *Applied Sciences*, 14(14). https://doi.org/10.3390/app14146347

Eldawlatly, S.(2024). On the role of generative artificial intelligence in the development of brain－computer interfaces. *BMC Biomedical Engineering*, 6. https://doi.org/10.1186/s42490－024－00080－2

Gao, Y., et al.(2023). Hybrid EEG－fNIRS brain computer interface based on common spatial pattern by using EEG－informed general linear model. *IEEE Transactions on Instrumentation and Measurement*, 72, 1－10.

Janapati, R., et al.(2023). Advances in modern EEG－BCI signal processing: A review. *Materials Today: Proceedings*, 80, 2563－2566.

Peksa, J. & Mamchur, D.(2023). State－of－the－art on brain－computer interface technology. *Sensors*, 23(13). https://doi.org/10.3390/s23136001

Yehya, N. A.(2024.8.21). New brain－computer interface allows man with ALS to 'speak' again. *Neurological Health*, https://health.ucdavis.edu/news/headlines/new－brain－computer－interface－allows－man－with－als－to－speak－again/2024/08

03
BCI와 의료: 희망을 현실로 만드는 기술

BCI 연구는 EEG 선구자들의 업적을 바탕으로 빠르게 발전하고 있다. 윌리엄 월터는 1936년에 처음으로 EEG를 사용해 뇌종양을 검출하고 간질을 연구했으며, 에버하르트 페츠는 1969년에 뇌가 뉴런 활동을 의지적으로 제어할 수 있음을 입증했다. 오늘날 BCI 기술은 알츠하이머병, 파킨슨병, ALS 같은 신경퇴행성 질환의 진단과 치료에 중요한 역할을 하고 있으며, AI와의 융합으로 더욱 혁신적인 의료 접근법을 가능하게 하고 있다.

AI와 난임 극복?

난치성 신경 질환 치료에서 BCI의 역할: 마비 환자의 움직임 회복, 치매 및 파킨슨병 치료, 뇌졸중 진단

뇌파(EEG) 분야의 선구자이자 신경생리학자인 윌리엄 월터(William Walter)는 1936년 이 기술을 사용하여 처음으로 뇌종양을 검출하고 간질의 전기적 패턴을 연구하였다. 그는 전기뇌파검사의 전문화에 중요한 역할을 했는데 ≪전기뇌파학 및 임상 신경생리학 저널(Electroencephalography and Clinical Neurophysiology)≫의 공동 창립자로 EEG 학회를 조직했다. 임상 연구 외에도, 월터는 초기 영국 사이버네틱스 분야의 중요한 인물이다. 사이버네틱스는 인간과 기계의 피드백, 제어 및 통신 시스템을 연구하는 학문으로, 공학, 생물학, 수학의 접근 방식을 결합한 것이다. 그는 사이버네틱스 지지자들이 모이는 비공식적인 모임인 레이시오 클럽(Ratio Club)을 공동 설립했으며 여러 사이버네틱 장치를 제작했는데, 그중 가장 유명한 것이 인간 뇌의 적응성을 모델로 삼은 단순한 로봇 거북인 '탐구 기계(Machina Speculatrix)'다. 후기 버전은 1951년 영국 축제에서 전시되어 주목을 받았다. 그는 인간 EEG에서 숨겨진 생각과 언어를 구별하려는 의도로 최초의 자동 주파수 분석기와 평균 전이 컴퓨터를 구축했다(https://collection.sciencemuseumgroup.org.uk/people/ap28659 참조).

원숭이에서 피질 스파이크 트레인의 침습적 조작적 조건 형성에 관한 논문은 1969년 에버하르트 페츠(Eberhard Fetz)에 의해 발표되었다(Fetz, 1969). 이 연구는 신경 활동이 외부 장치를 구동하는 데 사용될 수 있음을 최초로 보여 주었고, 다양한 패턴으로 피질 뉴런의 활동을 의지적으로 제어할 수 있는 뇌의 능력을 입증했다. 그는 영장류의 사지 운동에 대한 신경 제어에 연구의 중점을 두었으며 행동하는 원숭이의 피질 및 척추 신경 세포 기록과 양방향 뇌-컴퓨터 인터페이스의 응용 분야에서 선구자 역할을 했다(https://dxarts.washington.edu/people/eberhard-fetz 참조).

BCI 기술의 발전: 신경퇴행성 질환 치료의 새로운 가능성

최근 BCI의 연구 발전은 EEG 선구자들의 꿈에 더 가까워졌다. 비침습적 BCI 연구의 역사적 뿌리는 신경전기 뇌 활동의 뉴로피드백 및 조작적 조건 형성 분야에서 이루어진 연구에 있다. 인간 환자를 대상으로 한 대부분의 임상 BCI 연구는 EEG 진동 또는 ERP의 바이오피드백을 사용한다. 바이오피드백에서는 피험자가 자신의 뇌 활동에 대한 시각적 또는 청각적 실시간 피드백을 받고 특정 유형의 뇌파를 자발적으로 수정하려고 시도한다. 피드백 신호는 신호 제어 성공 정도에 대한 정보와 보상을 나타낸다(Birbaumer & Cohen, 2007).

BCI 기술은 알츠하이머병, 파킨슨병, 근위축성 측삭경화증(Amyotrophic Lateral Sclerosis, ALS)과 같은 신경퇴행성 질환을 겪는 개인들이 직면한 문제를 해결하는 데 점점 더 중요한 도구로 떠오르고 있다. BCI는 손상된 중추 신경계(Central Nervous System, CNS) 기능을 대체하거나 보완하는 데 변혁적 잠재력이 있으며, 특히 다양한 신경퇴행성 질환에서 응용이 시도되고 있다. 알츠하이머 환자들을 위한 고전적 조건 형성을 활용한 BCI 적용과 파킨슨병을 위한 심부 뇌 자극 기술 개발과 같은 연구들이 발전하고 있다. ALS 환자들을 위한 BCI 발전 궤적은 BCI가 단순히 잃어버린 기능을 회복하는 도구로서뿐만 아니라 이들의 전반적인 삶의 질을 향상하는 포괄적인 해결책으로서의 역할을 하고 있음을 보여 준다(Dai, 2024).

최근 몇 년간 신경 재활은 뇌졸중 후 운동 마비를 치료하는 데 활발히 사용되었다. 그러나 재활이 뇌의 신경 네

트워크에 미치는 영향은 여전히 거의 알려지지 않았다. 대상 피질의 전방, 후방, 복측, 배측 부분의 기능은 각각 실행, 평가, 감정, 인식으로 보고된다. 전방 대상 피질은 전두엽과 두정엽을 포함한 운동 관련 영역과 연결되며, 뇌의 각 영역에 자극 처리를 할당하는 데 중심 역할을 하는 것으로 알려져 있다. 특히 학습의 초기 단계나 문제 해결과 관련이 있다고 보고된다. 대상회는 변연계의 여러 영역을 연결하는 역할을 하며, 감정, 정보 처리, 학습 및 기억에 관여한다(Kimura et al., 2024).

알츠하이머병, 파킨슨병, ALS와 같은 신경퇴행성 질환은 오랫동안 전 세계 수백만 명의 환자와 그 가족들을 괴롭혀 왔다. 이러한 질환은 일상생활의 질을 크게 저하한다. 전 세계 인구의 고령화로 인해 신경퇴행성 질환의 유병률이 증가하고 있으며, 이는 보다 효과적인 치료 방법의 개발이 절실히 필요함을 시사한다. 의학 및 생명공학 분야의 지속적인 발전 속에서 BCI 기술이 신경퇴행성 질환을 해결하기 위한 핵심 접근법으로 부상하고 있다. BCI의 핵심은 뇌 활동을 직접 기록하고 해독하여 손상된 CNS 기능을 복원, 대체 또는 강화하는 데 있다. 이 기술의 독창성은 외부 장치와의 상호작용을 위한 인터페이스를 제공하는 것뿐만 아니라 신경 재활 및 치료적 중재를 위한 새로운 가능성을 열어 준다는 점에 있다. 최근 몇 년 동안 신경퇴행성 질환을 겪는 사람들의 삶을 개선하기 위해 BCI 기술을 활용하는 연구가 많이 이루어졌다. 이러한 연구들은 BCI의 임상적 적용 가능성에 대한 강력한 증거를 제시하며, 기술의 지속적인 개선과 발전을 촉진하고 있다. 그러나 고무적인 진전에도 불구하고, 신경퇴행성 질환 치료에서 BCI의 적용은 여전히 다양한 도전 과제에 직면해 있다. 주요 문제로는 신호 획득 정확성 향상, 더 정확한 뇌 신호 해석을 위한 알고리즘 최적화 등이 포함된다. 뇌의 구조는 생애 전반에 걸쳐 역동적으로 변화하며, 성별과 연령대에 따라 다양한 차이를 보인다. 인간의 뇌는 대뇌, 소뇌, 뇌간으로 구성되며, 대뇌는 특정 기능을 담당하는 여러 엽으로 나뉜다. 좌우 대뇌 반구는 각각의 고유한 역할을 담당하며, 이는 뇌의 복잡한 작동 방식을 더욱 부각한다. 이러한 복잡한 조직은 감각 지각, 인지 처리, 운동 기능에서 뇌의 다면적인 능력을 강조한다. 이러한 고유한 대뇌 특성을 활용하고 상호작용할 수 있는 특정 BCI가 연구자들에 의해 설계되었다. BCI 기술은 혁신적인 치료법을 제공하고 환자들의 삶의 질을 향상하고 있다(Dai, 2024).

기능적 전기 자극(functional electrical stimulation,

FES)은 뇌졸중 후 마비된 팔다리의 기능 회복을 지원할 수 있다. BCI를 사용하여 운동 시도 감지 시 FES 전달을 트리거하는 방식으로 MC(Motor Cortex, 운동 피질 또는 운동겉질)의 스펙트럼 전력을 EEG 신호에서 분류함으로써 만성 뇌졸중 환자들의 운동 결과가 향상되었다. 기능적 전기 자극은 운동 시도를 지원하고 운동 회복을 촉진하는 확립된 치료 도구다(Krueger et al., 2024). 특히 뇌졸중 회복과 척수 손상에서 BCI 기술이 전통적인 재활 방법을 향상할 가능성을 갖고 있다고 연구자들은 보고 있다(Ramadan & Altamimi, 2024).

AI와 BCI의 융합: 진단 및 치료의 혁신적 발전 - AI 기반 영상 분석 및 개인 맞춤형 치료제 개발

현대에 들어서면서 인공지능은 변혁적인 진화를 이루었으며, 특히 신경영상 데이터 분석에 깊은 영향을 미치고 있다. 이러한 발전은 복잡한 뇌 기능에 대한 이해를 크게 향상했다. AI와 BCI의 융합은 진단 및 치료 분야에서 혁신적인 발전을 이끌고 있다. 이러한 융합 기술은 뇌의 신호를 해석하고 이를 실시간으로 활용함으로써, 새로운 의료 접근법을 가능하게 한다. AI와 BCI의 융합이 가져오는 주요 발전 사항의 예는 다음과 같다.

첫째, 뇌 신호 해석의 정밀성 향상이다. AI 기반 신경 영상 분석은 연구 및 임상 적용 모두에서 강력한 잠재력을 가지고 있으며, 기계학습 및 딥러닝 알고리즘이 기존의 방법을 능가하여 이 분야를 크게 변화시키고 있다(Bacon et al., 2024). AI는 대량의 뇌파 데이터를 분석하고 패턴을 식별하는 데 뛰어난 능력을 발휘한다. 이를 통해 BCI가 뇌 신호를 더 정확하게 해석할 수 있게 된다. 예를 들어, AI는 특정 뇌 질환의 초기 징후를 포착하거나, 환자의 감정 상태를 파악하여 진단의 정밀성을 높일 수 있다. EEG는 뇌에서 생성되는 미묘한 전기적 신호를 기록하며, 이는 주관적 설명에서 발생할 수 있는 편향이나 실수에 덜 영향을 받는 신경생리학적 관점에서 생각해 볼 기회를 제공한다. 기계학습을 활용하면 시간이 지남에 따라 지속적으로 학습하고 조정할 수 있는 예측 모델을 개발할 수 있으며, 이에 따라 감정 인식의 정확도가 향상된다. 이 기술의 적용은 정신 건강, 인간-컴퓨터 상호 작용, 뉴로마케팅과 같은 분야에서 개별적인 감정 분석의 가능성을 넓혀 줄 수 있다(Bhambri & Singh, 2024).

둘째, 비침습적 진단 도구 개발이다. AI와 BCI를 결합하면 비침습적인 진단 도구를 개발할 수 있다. EEG 신호는 비침습적이고 비용 효율적인 임상 도구로서 높은 시간 해상도를 가지고 있어, 자동화된 알츠하이머병(Alzheimer's Disease, AD) 탐지, 모니터링 또는 예측 알고리즘 개발에 중요한 역할을 하고 있다(Modir et al., 2023). 예를 들어, 알츠하이머병을 감지하는 기술로 EEG는 뇌 데이터를 수집하는 빠르고 저렴하며 비침습적인 기술이다. 알츠하이머병은 뇌 기능, 특히 기억과 학습, 실행 및 운동 기능, 복잡한 주의, 사회적 인지 및 언어의 다양한 장애를 특징으로 하는 신경 퇴행성 질환인 치매의 한 종류다(Pirrone et al., 2022). EEG와 AI를 활용하여 신경 질환을 초기 단계에서 진단할 수 있다. 이 기술은 환자의 뇌 신호를 분석하여 질병의 진행을 실시간으로 모니터링할 수 있다.

셋째, 맞춤형 치료 제공이다. AI는 개별 환자의 뇌 신호를 분석하여 맞춤형 치료법을 제안할 수 있다. 기계학습 모델을 적용하여 우울증 진단을 지원하는 AI 시스템은 판별 정확도가 높으며 향후 우울증 및 기타 정신 질환에 대한 더 정확하고 유용한 진단 보조 AI 알고리즘 개발의 기초를 제공할 수 있다(Noda et al., 2024). 예를 들어 우울증이나 불안 장애 환자에게 AI는 최적의 신경 자극 패턴을 제공하여 증상을 완화할 수 있다. 또 BCI를 통해 실시간으로 치료 효과를 모니터링하고 필요에 따라 치료 방법을 조정할 수 있다.

넷째, 신경 재활의 혁신이다. BCI 기반 로봇공학이 BCI 연결 신경근 자극과 같은 보완적 방법과 융합되면서 특히 뇌졸중 재활에서 유망한 가능성이 있다. BCI로 제어되는 소프트 로봇의 등장은 이 분야에서 흥미로운데 BCI를 재활 프로그램에 원활하게 통합함으로써 인지적 또는 신체적 제한을 겪는 사람들에게 독립성을 회복할 수 있는 힘을 줄 수 있다(Elashmawi et al., 2024). 예를 들어 뇌졸중 환자의 재활 과정에서 AI는 뇌 신호를 분석하여 환자가 의도한 움직임을 인식하고 이를 로봇 팔이나 외골격 장치와 연결해 줄 수 있다. 이러한 방식으로 환자는 보다 효율적인 재활을 경험할 수 있다.

다섯째, 정신 건강 관리의 새로운 접근이다. 연구자들은 BCI가 정신분열증 증상(정신병, 정서적 장애, 인지 기능 장애) 등 장애를 가진 사람들의 능력을 효과적으로 회복시킬 수 있다는 놀라운 성과를 보고했다(Maiseli et al., 2023). 예를 들어 스트레스나 불안 수준을 실시간으로 모니터링하고 이에 대응하는 치료법을 즉각 제공함으로써, 정신 건강을 관리하는 데 새로운 패러다임을 제시할 수 있다.

참고문헌

Bacon, E. J., et al.(2024). Neuroimage analysis using artificial intelligence approaches: a systematic review. *Medical & Biological Engineering & Computing*, 62, 2599–2627.

Bhambri, P. & Singh, M.(2024). Emotional sentiment analysis by machine learning from EEG of brainwave data. In P. Bhambri, R. Soni, & T. A. Tran(Eds.), *Smart healthcare systems: AI and IoT perspectives*(pp. 171–186). Boca Raton, FL: CRC Press,

Birbaumer, N. & Cohen, L. G.(2007). Brain–computer interfaces: communication and restoration of movement in paralysis. *The Journal of Physiology*, 579(3), 621–636.

Dai, A.(2024). Brain computer interface for the treatment of neurodegenerative diseases. E3S Web of Conferences, 553. https://doi.org/10.1051/e3sconf/202455305010

Elashmawi, W. H., et al.(2024). A comprehensive review on brain–computer interface (BCI)–based machine and deep learning algorithms for stroke rehabilitation. *Applied Sciences*, 14(14). https://doi.org/10.3390/app14146347

Fetz, E. E.(1969). Operant conditioning of cortical unit activity. *Science*, 163(3870), 955–958.

Kimura, I., et al.(2024). Changes in structural neural networks in the recovery process of motor paralysis after stroke. *Brain Sciences*, 14(3), 197.

Krueger, J., et al.(2024). Hebbian plasticity induced by temporally coincident BCI enhances post–stroke motor recovery.

Scientific Reports, 14. https://doi.org/10.1038/s41598-024-69037-8

Maiseli, B., et al.(2023). Brain-computer interface: trend, challenges, and threats. *Brain Informatics*, 10. https://doi.org/10.1186/s40708-023-00199-3

Modir, A., et al.(2023). A systematic review and methodological analysis of EEG-based biomarkers of Alzheimer's disease. *Measurement*, 220. https://doi.org/10.1016/j.measurement.2023.113274

Noda, Y., et al.(2024). Development of artificial intelligence for determining major depressive disorder based on resting-state eeg and single-pulse transcranial magnetic stimulation-evoked EEG indices. *Journal of Personalized Medicine*, 14(1). https://doi.org/10.3390/jpm14010101

Pirrone, D., et al.(2022). EEG signal processing and supervised machine learning to early diagnose Alzheimer's disease. *Applied sciences*, 12(11). https://doi.org/10.3390/app12115413

Ramadan, R. A. & Altamimi, A. B.(2024). Unraveling the potential of brain-computer interface technology in medical diagnostics and rehabilitation: A comprehensive literature review. *Health and Technology*, 14(2), 263-276.

Science Museum Group. Walter, William Grey 1910 - 1977. https://collection.sciencemuseumgroup.org.uk/people/ap28659

University of Washington. Eberhard Fetz. https://dxarts.washington.edu/people/eberhard-fetz

04
BCI와 인간 증강: 능력의 경계를 넘어서

BCI는 인간의 인지, 감각, 운동 능력을 혁신적으로 향상할 잠재력을 가진 기술로, 뉴럴링크 등 기업이 개발을 선도하고 있다. 뇌파 데이터를 활용해 인지 기능을 최적화하고, 감각 보조 장치로 시각과 촉각을 개선하며, AI 기반 재활 프로그램으로 운동 능력을 회복시키는 데 활용된다. 그러나 기술 발전에 따르는 프라이버시, 형평성, 책임 문제 등에 대해 윤리적, 사회적 논의와 합의가 필수적이다.

AI와 사주?

인지, 감각, 운동 능력 향상을 위한 BCI의 잠재력: 뉴럴링크 사례를 중심으로

BCI는 인간의 뇌와 외부 장치를 직접 연결하여 정보를 교환하는 혁신적인 기술이다. 최근 BCI 기술의 급속한 발전으로 인해 인간의 인지, 감각, 운동 능력을 획기적으로 향상할 수 있는 가능성이 열리고 있다. 특히 일론 머스크가 설립한 뉴럴링크는 이 분야에서 주목할 만한 연구와 개발을 진행하고 있어 관심을 모은다.

첫째, BCI 기술은 인지 능력 향상에 큰 잠재력을 보여 주고 있다. BCI는 다양한 보조 기술 개발, 신경학적 이상 탐지, 집중력 향상을 위한 바이오피드백 메커니즘 확보에 도움을 준다. 뇌파 패턴과 집중력 수준 간의 관계를 EEG 데이터를 통해 탐구한 연구 결과는 인지적 몰입 수준에 따라 델타와 베타 주파수 범위에서 뇌파 활동에 뚜렷한 변화가 나타남을 보여 준다(Velingkar et al., 2024). 이러한 결과를 바탕으로 학생들의 집중력 향상을 위한 바이오피드백 기반의 프로그램 개발이 가능하며, 교육 환경에서 실시간 EEG 모니터링과 피드백 메커니즘을 갖춘 접근 방식을 사용하여 학생들이 집중력을 향상할 수 있도록 도울 수 있다. 이러한 혁신적인 접근 방식은 학생들의 학업 성과와 학습 경험을 향상할 수 있는 잠재력을 지니고 있으며, 신경 피드백 개입을 통한 인지 기능 최적화에 대한 귀중한 통찰력을 제공하고 이로써 기억력 증진, 학습 능력 향상, 정보 처리 속도 개선 등이 가능할 것으로 예상된다. 이를 통해 인간의 지적 능력을 크게 확장할 수 있을 것이다.

둘째, 감각 능력 측면에서도 BCI는 혁명적인 변화를 가져올 수 있다. 예를 들어, AI 알고리즘이 안내하는 신경 조직의 전기 자극과 같은 기술을 통해 촉각이나 시각과 같은 감각을 복원할 수 있다. 시각 보철 장치는 카메라로 포착된 이미지를 뇌가 이해하는 신경 신호로 변환할 수 있으며, 의수의 촉각 피드백 시스템은 압력 데이터를 해석하여 감각 신경을 자극하는 전기 신호로 변환함으로써 촉각을 시뮬레이션할 수 있다(Pulicharla & Premani, 2024). 가상현실(VR)은 사용자를 실제 사물과 사건이 있는 시뮬레이션 환경에 배치하는 몰입형 컴퓨터 기반 기술로, VR이 기존의 치료법과 BCI를 매개로 한 치료법과 결합하여 근육 기능 회복을 촉진할 수 있다는 증거가 점점 더 많아지고 있다. BCI의 폐쇄 루프 시스템에서 피드백을 생성하는 노드로서 VR은 환자가 가상 환경에 대한 몰입감을 느끼며 다양한 장면에 몰입할 수 있게 한다. VR 시스템은 종종 시각, 청각, 촉각 등 다양한 형태의 다중 모드 피드백을 피험자에게 제공하며 가장 일반적으로 사용되는 VR 전략은 동작 시각화로, 환자의 행동을 나타내고 특정 맥락 정보를 포함한 가상 환경에서 수행 피드백을 제공한다(Mang et al., 2023). 시각 보조 및 증강, 청각 기능 개선, 촉각 감도 향상 등은 인간의 감각 경험을 풍부하게 만들 수 있다. 이는 장애인들의 삶의 질을 크게 개선할 뿐만 아니라, 비장애인들에게도 새로운 감각적 경험을 제공할 수 있다.

셋째, 운동 능력 개선 면에서 BCI는 특히 큰 기대를 모으고 있다. BCI와 같은 기술은 신경 재활 및 기타 의료 환경에서 유용하며, 테스트 가능한 모델과 기능, 접근성 및 포용성을 향상하기 위한 실용적 도구를 제공한다. 예를 들어, 컴퓨팅 신경과학 방법과 모델은 손상 후 뇌의 가소성 메커니즘을 이해하는 데 매우 유용한데, 뇌졸중 후 재활 프로그램에서 최적의 기능적 결과를 낼 가능성이 높은 프로그램을 선택하는 데 도움을 준다. 또 AI를 도구로 사용하여 개인의 특성에 맞춘 가장 적합한 재활 프로그램을 선택하는 데 도움을 받을 수 있으며, 이는 뇌졸중 회복 시나리오에서 볼 수 있다(Ardaillon et al., 2024). 신경 재활을 통해 마비 환자들의 운동 기능을 회복시키고, 보조 장치 제어 능력을 향상해 더 자연스럽게 의수나 의족을 사용하는 일이 가능해질 것이다. 또 운동 수행의 정확도를 높여 운동선수나 정밀한 작업을 수행하는 전문가들의 능력을 향상할 수 있다.

뉴럴링크는 이러한 BCI 기술의 발전을 선도하고 있다. 뉴럴링크의 기술적 접근은 매우 혁신적이며, 동물실험을 통해 그 가능성을 입증하고 있다. 그러나 BCI 기술의 발전에는 윤리적 고려 사항도 따른다. 프라이버시와 데이터 보안 문제, 인지 증강이 가져올 사회적 영향, 기술에 대한 접근성과 형평성 문제 등이 중요한 논점이 될 것이다.

트랜스휴머니즘과 BCI: 인간성과 정체성에 대한 철학적 논의와 미래 전망

트랜스휴머니즘은 기술적 변화를 통해 인간 생물학의 한계를 초월하려는 철학적 운동이다(박형빈, 2022). 인간과 기계의 통합을 지향하며, 유기적 요소와 합성적 요소의 경계를 흐리게 하려는 사상을 바탕으로 한다(박형빈, 2024). 이 과정에 인공지능이 포함되면서 이러한 변화는 더욱 깊어지며, 사업, 기술, 인간성 등이 상상할 수 없었던 방식으로 융합되는 미래의 비전을 제공한다. 이는 인간이 현대 기술과 융합함으로써 생물학적 한계를 극복하고, 더 높은 수준의 지능, 창의성, 자기표현의 상태에 도달할 수 있다고 주장한다. 트랜스휴머니즘적 시도에 대한 서사에서 AI는 트랜스휴먼 변화를 촉진하는 선구적이고 중요한 기술로 등장한다(Jerrin & Bhuvaneswari, 2024).

일부 트랜스휴머니스트들은 급진적인 인간 향상이 언젠가 새로운 '포스트휴먼' 종을 창조할 수 있을 것이라고 주장한다. 포스트휴먼으로 이어질 수 있는 두 가지 주요 경로가 있는데, 유기적 포스트휴머니즘은 포스트휴먼에서 생물학적 요소의 필수 역할을 유지하는 반면, 비유기적 포스트휴머니즘은 미래의 포스트휴먼 존재에 있어 합성적, 전자적, 디지털적 특성에 주목한다. BCI 기술은 마음과 가상 세계 간의 직접적인 상호작용을 가능하게 하므로, 이 기술이 비유기적 포스트휴먼 적응을 생성할 수 있을 것이라는 주장이 일반적이다. 현재의 BCI 기술은 유기적 포스트휴머니즘을 위한 일부 기술들과 유사한 개념적, 윤리적 모호성에 놓여 있다고 주장된다. 따라서 뇌-컴퓨터 기술은 포스트휴머니즘 목표에 대해 중립적인 도구로 간주될 수 있다(Odorcak, 2019). 트랜스휴머니즘은 인간 능력의 증강에서부터 디지털 불멸성에 이르기까지 그 가능성의 영역아 매우 광범위하며, 이 기술은 정신 건강에도 깊은 영향을 미친다.

신경 재활에서 기술 활용의 가장 두드러진 예는 BCI로, BCI는 언어 결핍을 보상하고 텍스트 편집 및 음성 합성 같은 방법을 사용하여 심각한 장애를 가진 개인에게 의사소통을 복원하는 약속을 제공하며 꾸준히 많은 미디어의 주목을 받고 있다. 또 다른 유망한 BCI 기술로는 '디지털 브리지'가 있으며, 이는 척수 손상을 우회하여 걷기를 복원할 가능성을 제공하는 뇌-척수 인터페이스다. 외골격 보조 재활도 이동성 장애가 있는 개인에게 점점 더 많이 제공되고 있는데, 이는 회복 프로그램의 일환으로 또는 보상 목적을 위해 사용된다. 이 장비는 착용자의 신체적 능력을 지원하거나 향상하기 위해 착용하는 로봇 장치로, 착용자의 특정 요구와 능력에 맞게 조정될 수 있다(Ardaillon et al., 2024). 단점은 비싼 로봇을 구입할 수 있는 재정적 여건이 있는 소수의 재활 센터에서만 제공된다는 것이다.

트랜스휴머니즘의 이상이 현실화함에 따라, 우리 사회는 전례 없는 변화를 겪게 될 것이다. 인간관계와 커뮤니케이션 방식의 근본적인 변화, 노동 시장의 재편, 교육 시스템의 혁신 등 사회 전반에 걸친 광범위한 영향이 예상된다. 이러한 변화는 우리에게 새로운 기회를 제공하는 동시에, 복잡한 사회적 · 윤리적 도전 과제를 안겨 줄 것이다. AI의 지속적인 발전은 인간이 AI와 결합하여 스스로를 근본적으로 증강하지 않는 한, 결국 인간을 쓸모없게 만들 위협이 있다. 그러나 이러한 급진적인 증강 과정이 어떻게 이루어질 것인지에 대한 세부 사항은 적어도 현재로서는 명확하지 않다. 이 기술의 발전은 중대한 윤리적 고려 사항을 동반한다.

첫째, 증강된 상태는 일부 개인에게 정체성 문제나 인간과 기계 사이에서 존재론적 딜레마를 불러일으킬 수 있다(Sharma & Makhija, 2024). BCI 기술이 인간의 뇌와 컴퓨터를 직접 연결함으로써, 우리는 인간과 기계의 경계가 점차 모호해지는 현상을 목격하게 될 것이다. 이 기술들은 인간의 인지 능력을 획기적으로 확장할 잠재력을 지니고 있어, '인간됨'의 의미를 재정의할 수 있는 중요한 전환점에 우리를 서게 하고 의식과 자아의 본질에 대한 깊이 있는 철학적 고찰을 요구한다. 과연 우리의 사고와 기억이 외부 장치와 융합된다면, 순수한 인간의 정체성은 어디까지일까?

둘째, 개인의 사고와 기억이 외부 시스템과 연결될 때 발생할 수 있는 프라이버시와 자율성 침해 우려다. BCI의 지적 증강(Intellectual augmentation, IA) 사용은 이미 현실이 되고 있는데, 사용 사례 중 일부는 치료적 강화로 볼 수 있다. 마비 환자들이 사용하는 BCI의 궁극적 목적이 컴퓨터를 사용하는 정상 능력을 복원하는 것이라 하더라도, 이는 생각을 통해 외부 장치를 제어하는 초정상적인 능력을 부여함으로써 달성된다. 순수 IA를 위한 BCI의 기존 응용에는 EEG 기반 뇌 모니터링 BCI를 사용하여 주의력이나 감정 조절과 같은 능력을 향상하는 것이 포함된다. 교육적 맥락에서, 학생들의 주의력과 몰입 수준을 모니터링하는 것이 학습 과정을 조정하고, 궁극적으로 이러한 요소들을 최적화하는 데 도움이 될 수 있을 것이라는 기대가 있다. IA를 위한 BCI의 또 다른 주요 활용 맥락은 군사 분야다. 미국과 중국 군대 모두 BCI를 통해 뇌에서 뇌로 생각을 직접 전달하여 비언어적 의사소통을 가능하게 하고, 군인과 군사 지휘관들 간의 의사소통 및 의사 결정을 더 빠르게 할 가능성을 고려하고 있는 것으로 알려져 있다. 다른 관련 응용에는 반자율 시스템 및 드론 무리의 직접 제어, 전쟁 상황에서 고통 억제 및 공포와 같은 감정의 조절 등이 포함될 수 있지만, 후자는 일부 형태의 뇌 자극을 특징으로 하는 BCI 시스템이 필요할 것이다(Erler & Müller, 2023). 특히 군사 분야에서 뇌 활동을 감시하고 비언어적 의사소통을 가능하게 하는 경우, 이러한 기술이 사용자의 자율적인 생각과 행동을 제한할 가능성이 있다.

셋째, BCI를 통해 수행되는 행동에 대한 책임을 누구에게 물을 것인지에 대한 책임과 통제 문제가 발생한다. 사용자가 외부 장치를 생각으로 제어하는 초정상적인 능력을 가지게 될 경우, 그 행동의 결과에 대한 책임은 사용자, 시스템 설계자, 또는 제3자에게 귀속될 수 있다. 또 지적 증강 기술이 특정 개인이나 집단에게만 제공될 경우 사회적 불평등이 심화할 수 있다.

넷째, BCI의 사용은 사용자들의 프라이버시와 보안에 대한 중요한 문제를 야기한다. 뇌 데이터가 악의적인 외부 행위를 통해 추출되거나 BCI 기능에 대한 무단 접근이 발생할 수 있으며, 이는 자율적 행동과 책임 문제에 추가적인 영향을 미칠 수 있음을 보여 주는 여러 연구가 있다. 실제로 BCI 사용자들의 뇌에 대한 악의적인 외부 공격 문제는 일종의 '신경범죄(neurocrime)'로 묘사될 수 있다. 그러나 BCI 시스템의 보안은 아직 성숙하지 않아 악의적인 외부 행동의 기회를 제공하고 있다. 동시에, 임상 신경과학 분야에서 BCI와 병원의 신경 장치가 가질 수 있는 취약성을 통해 '생체 사이버 보안(biocybersecurity)' 문제가 강조된다. 정신의학 분야에서 미래에 BCI가 생각과 감정을 읽는 데 사용될 가능성은 기밀 유지와 의심의 문제를 초래할 수 있다(Livanis et al., 2024).

다섯째, BCI 사용은 연구 윤리와 사전 동의 원칙을 위반할 수 있다. '감금 증후군(Locked-in Syndrome, LIS)' 환자와 관련해서, BCI의 윤리적 측면을 확보하기 위해서는 더욱 심도 있는 연구와 협력 그리고 이해 관계자들의 입장 차이 분석 및 검토가 필요하다. 사전 동의의 맥락에서 모든 잠재적 위험은 사용자가 이해할 수 있는 방식으로 분석되는 것이 중요하다. 윤리적 우려는 또한 임상 시험 완료 시점에 대한 문제에서도 발생한다. BCI 연구 종료 시점은 참가자들이 중단을 원치 않거나 연구자들이 뇌 데이터를 계속 수집하고 알고리즘을 이에 맞춰 조정하고 싶어 할 수 있기 때문에 명확하지 않을 수 있다. 일부 연구자들은 투명성, 편향성, 알고리즘의 윤리, 그리고 BCI와 인공지능의 결합에 대한 윤리에 대한 우려를 표명한다(Livanis et al., 2024). 또 다른 문제는 뇌 데이터를 법적으로 어떻게 다루어야 하는가다.

이러한 윤리적 문제에는 인간의 존엄성, 인격과 자율성, 사용자 안전, 낙인과 차별, 프라이버시와 보안, 책임, 연구 윤리, 사회적 정의(이 기술에 대한 접근성 포함) 등을 둘러싼 질문들이 포함된다. 환자와 건강한 인구 모두에 의한 BCI 사용의 증가는 이러한 기술에 대한 접근 불평등에 대한 우려를 불러일으킨다. 높은 가격 또는 보험 회사의 비용 부담 거부로 인해 모든 사람, 특히 장애인에게 BCI 접근성이 떨어질 위험이 있다. 이는 BCI 장치와 같은 보조 기술에 대한 평등한 접근을 제공할 도덕적 책임이 사회에 있는지에 대한 윤리적 딜레마를 초래한다. 또 BCI를 통해 범죄가 저질러진 경우 형사 정의 맥락과 관련된 문제들이 제기될 수 있다.

참고문헌

박형빈(2022). 『인공지능윤리와 도덕교육』. 씨아이알.

박형빈(2024). 『AI윤리와 뇌신경과학 그리고 교육』. 어문학사.

Ardaillon, H., et al.(2024). Striking the balance: embracing technology while upholding humanistic principles in neurorehabilitation. *Neurorehabilitation and Neural Repair*, 38(9), 705–710.

Erler, A. & Müller, V. C.(2023). AI as IA: The use and abuse of artificial intelligence (AI) for human enhancement through intellectual augmentation (IA). In F. Jotterand & M. Ienca(Eds.), *The Routledge handbook of the ethics of human enhancement*(pp. 189–201). Milton Park, UK: Routledge.

Jerrin, N. B. & Bhuvaneswari, G.(2024). Comprehending AI's role in literature and arts from a transhumanist perspective. *International Research Journal of Multidisciplinary Scope* (IRJMS), 5(2), 846–859.

Livanis, E., et al.(2024). Understanding the ethical issues of brain-computer interfaces (BCIs): A blessing or the beginning of a dystopian future?. *Cureus*, 16(4). https://doi.org/10.7759/cureus.58243.

Mang, J., et al.(2023). Favoring the cognitive-motor process in the closed-loop of BCI mediated post stroke motor function recovery: challenges and approaches. *Frontiers in Neurorobotics*, 17. https://doi.org/10.3389/fnbot.2023.1271967

Odorcak, J.(2019). Exorganic posthumanism and brain-computer interface technologies. *Postmodern Openings*, 10(4), 193-208.

Pulicharla, M. R. & Premani, V.(2024). AI-powered Neuroprosthetics for brain-computer interfaces (BCIs). *World Journal of Advanced Engineering Technology and Sciences*, 12(1), 109-115.

Sharma, K. & Makhija, T. K.(2024). Transhumanism, AI, and global business: Navigating the intersection of augmentation, intelligence, and enterprise. *Eduzone: International Peer Reviewed/Refereed Academic Multidisciplinary Journal*, 13(1), 90-98.

Velingkar, H. S. S., et al.(2024). Neuroscience empowering society: BCI insights and application. *Engineering Proceedings*, 62(1). https://doi.org/10.3390/engproc2024062015

05

BCI의 윤리적 도전: 자율성과 책임

BCI가 뇌 활동을 분석하여 의사 결정을 유도하는 과정에서 자율성이 침해될 위험이 있으며, 뇌 신호 오해석으로 인한 의도 왜곡이 발생할 수 있다. 특히 완전 마비 환자들의 의사소통 문제, 데이터 소유권, 그리고 뇌 해킹과 같은 범죄에 대한 윤리적 논의가 필요하다. BCI 기술의 발전과 함께 윤리적, 법적 규제 마련이 필수다.

AI와 아이돌?

BCI 사용과 인간 자율성: 의사 결정과 윤리적 문제 분석

BCI의 개발에는 1920년대 독일의 정신과 의사 한스 베르거(Hans Berger)가 크게 기여했다. 그는 알파 및 베타 뇌파를 최초로 기록한 인물로, 뇌파 검사(EEG)의 발명가다. '뇌-컴퓨터 인터페이스(Brain-Computer Interface)'라는 용어는 1973년 캘리포니아대학교LA(UCLA)의 자크 비달(Jacques Vidal) 교수에 의해 처음 도입되었다(Liu et al., 2023). 지난 수십 년 동안 전 세계적으로 여러 BCI 연구 그룹이 설립되었으며, BCI의 적용 분야도 비의료 목적으로까지 확장되었다. BCI의 진화는 뇌 데이터를 처리하는 데 사용되는 기계학습 기법의 발전에 의해 크게 촉진되었다. 그러나 인간의 뇌에 대한 이러한 개입은 이점과 위험, 그리고 인간의 존엄성, 인격과 자율성, 프라이버시와 보안, BCI 기반 결정 및 행동에 대한 윤리적 및 법적 책임, 이러한 기술에 대한 접근성과 사회적 정의에 관한 문제를 유발한다.

BCI 기술의 윤리적 과제: 자율성, 프라이버시 그리고 인지 활동의 침해

BCI 기술은 인간-기계 상호작용의 패러다임을 근본적

으로 변화시키는 진보이지만, 동시에 사용자의 자율성을 침해할 수 있는 중대한 윤리적 문제를 제기한다.

첫째, BCI를 통한 의사 결정 과정에서 가장 큰 윤리적 쟁점은 이러한 결정이 얼마나 자율적인가에 대한 의문이다. 인간의 자율성과 자유로운 사고는 '정신적 프라이버시' 즉, 자신의 정신적 과정을 통제하고 그로부터 얻은 신경 데이터를 통제할 수 있는 능력에 의존하며, 신경 기술이 뇌 활동을 측정하여 언어, 생각, 신념, 인식, 욕망 등을 추론할 수 있는 능력을 갖추게 되면 이러한 정신적 프라이버시는 위협받게 된다. 정신적 프라이버시가 위협받을 때, 사람들은 생각을 자유롭게 할 수 없다(Khan et al., 2024).

둘째, BCI가 사용자의 뇌 신호를 해석하여 특정 행동을 유도하거나 결정을 내리는 과정에서, 사용자의 진정한 의도가 왜곡될 가능성이 존재한다. 예를 들면, BCI는 기술적 및 소프트웨어적 특성 때문에 몇 가지 한계가 있을 수 있는데, 모든 시스템은 일반적인 오류율을 가지며 이는 시스템의 특성과 사용자의 조작 능력에 따라 달라질 수 있다(Rainey, 2023).

BCI를 의사소통에 사용할 때, 특히 완전 마비 상태의 환자들에게는 BCI가 의사를 정확히 전달하지 못할 수 있다는 우려가 크다. 기기가 환자의 의지를 잘못 나타낼 경우 이를 확인하기 어렵기 때문에, 동의 여부 판단과 관련한 신체적 및 정보적 프라이버시 문제가 발생한다. 뇌 신호의 오해석이나 시스템 오류로 인해 의도하지 않은 행동이 발생하면, 이는 사용자의 자율적 의사 결정 능력을 침해할 수 있다.

셋째, 감금 증후군 환자들의 의사소통 회복은 여전히 어려운 임상 문제다. 마비 환자들은 BCI를 통해 피질 내 스파이크 활동을 기반으로 효율적으로 메시지를 입력할 수 있을 것으로 기대된다. 그러나 신경 신호의 불안정성 때문에 대부분의 피질 내 BCI는 성능을 유지하기 위해 빈번한 보정과 숙련된 엔지니어의 지속적인 지원이 필요하다(Milekovic et al., 2018). 이는 제대로 작동하지 않는 장치에 갇혀 있는 상황을 유발할 수 있다. 예를 들어, 세상과 단절된 느낌을 받을 수 있고, 주변 사람들은 그들의 의도가 왜곡되고 있다는 사실을 알아차릴 수 없다. 우려스러운 것은 휠체어와 같이 모터 장치에 연결된 신호가 잘못 해석되는 경우다.

넷째, 감정적 및 인지적 프라이버시는 BMI(Brain-Machine Interface, 뇌-기계 인터페이스) 사용과 관련된 또 다른 주요 문제다. 운동 감각 및 정서적 BMI와 달리,

인지 BMI는 우리를 인간으로 만드는 것과 직접 상호작용하며, 심지어 인간을 더 다른 존재로 변형시킬 잠재력을 가지고 있다. 인지 BMI는 사용자의 정신 활동을 해독할 수 있다. 이 기능은 프라이버시와 사이버 보안에 관한 심각한 윤리적 문제를 유발한다. 암시적인 정신 활동을 읽고 이를 사용해 능동적 기계 학습을 수행할 수 있는 인지 탐사(cognitive probing)와 같은 기술은 이미 개발되었다. 알려지지 않도록 의도된 생각에 접근하는 것은 프라이버시에 대한 끔찍한 침해다. 이러한 접근은 '브레인 해커'와 같은 범죄자, 기업, 또는 국가 정보 요원에 의해 악용될 수 있어 사이버 테러와 같은 위협도 발생할 수 있다(Song, 2023).

BMI는 감정 상태를 변화시킬 수 있는 잠재력을 지니고 있는데 불행감이나 불안감을 줄이는 것을 목표로 한다. 하지만 개인의 감정적 프라이버시를 침해할 가능성도 있다. 감정 상태나 정동 상태를 변화시키는 BMI를 감정 BMI(affective BMI)라고 한다. BMI는 다양한 방식으로 감정 상태를 조절할 수 있다. 비침습적인 방식으로, 감정적 BMI는 뇌졸중 환자의 재활 결과를 개선하기 위해 피드백을 제공하는 BMI처럼 사용할 수 있다. 이러한 감정적 BMI는 개인의 감정을 인식하고 사용자가 자신의 상태를 인지하여 이를 조절할 수 있도록 돕는다. 감정을 변화시킬 수 있는 잠재력 또한 BMI의 윤리적 문제 중 하나인데 그것은 감정 상태가 인지 기능에 영향을 미칠 수 있기 때문이다.

BCI 기반 범죄와 책임 소재: 뇌 해킹과 데이터 조작

뇌가 행동과 성격에서 중요한 역할을 한다는 것은 피니어스 게이지(Phineas Gage)의 사례가 분명히 보여 주었다. 철막대가 두개골을 관통하여 왼쪽 전두엽을 손상한 후, 그의 행동에서는 극적인 변화가 관찰되었다. 1848년, 모범적인 성품의 25세 게이지가 관통성 양측 전두엽 및 좌측 측두엽 뇌 손상에서 기적적으로 살아났다(박형빈, 2019). 이 사고는 길이 7인치, 지름 1.25인치, 무게 13.25파운드의 쇠막대가 두개골을 관통하면서 발생했다. 할로(John Harlow) 박사의 치료 덕분에 게이지는 신체적 후유증을 남겼으나 독립을 되찾았다. 그러나 성격과 인성에는 큰 변화가 생겼다. 사고 전에는 정직하고 계획적인 사람이었으나, 이후 충동적이고 불안정하며 일관성이 없는 사람이 되었다. 인지 기능은 온전했지만, 이전 직업으로 복귀할 수는 없었다. 할로 박사는 그가 지적 능력과 본능의 균형을 잃었다고 평했다(Yarnell & Rossie, 1990).

BMI는 전기 자극을 통해 유사한 성격 변화를 유발할 수 있다. 델가도(Jose Delgado)는 황소와 인간 실험으로 이를 증명했다. 그는 1960년대 공격성의 신경 상관관계에 대한 유명한 실험에서 기저핵과 시상 구조를 전기적으로 자극하여 돌진하는 황소를 멈추었다. 공식적인 출판물은 없지만, 이 실험은 신경 인터페이스와 신경 과학의 역사에서 기이한 일로 언급된다(Marzullo, 2017). BMI는 개인의 감정, 행동 및 자아 감각에 영향을 미칠 수 있는 힘을 가지고 있다. BMI를 위해 개인의 인지 패턴을 학습하는 목적으로 훈련된 AI는 사람처럼 행동하며 그들이 할 수 있는 일을 예측할 수도 있다. 이는 이미 디지털 트윈 분야에서 흔히 볼 수 있는데 디지털 트윈(digital twins, DTs)은 물리적 실체의 가상 표현으로, 물리적 실체가 다중 모드 정보를 통합하고 복잡한 상황에 반응하는 방식을 학습하여 생성된다(Wang et al., 2022). DT는 개인 맞춤형 진단, 치료 계획, 관리 및 생존을 위해 웰빙 DT 또는 질병 상태에 적용될 수 있다. 의료용 디지털 트윈은 임상, 유전, 분자, 환경, 사회적 요인 등의 멀티모달 데이터의 멀티스케일 모델링을 기반으로 잠재적인 치료

전략, 건강 궤적의 모니터링 및 예측, 조기 개입 및 예방을 동적으로 시뮬레이션할 수 있는 사람의 가상 표현으로 정의된다(Katsoulakis et al., 2024). DT 기술은 산업 분야의 실시간 원격 모니터링 및 제어부터 교통 분야의 위험 감지, 스마트 시티의 스마트 스케줄링에 이르기까지 다양한 용도로 활용되고 있다. 디지털 트윈은 다양한 환경 및 교통 상황을 시뮬레이션할 수 있으므로 광범위한 물리적 테스트가 필요하지 않다. 자율주행 차를 가상으로 제어 가능한 방식으로 테스트하면 개발 시간과 비용을 크게 절감할 수 있다(Hossain et al., 2023).

스마트 헬스케어 센서와 통신 기술의 발전으로 헬스케어 분야가 변화하고 있다. 특히 EEG 센서는 신체적 · 심리적 상태를 파악하고 삶의 질을 향상하는 데 활용할 수 있다. 가령 EEG 신호는 헬스케어 정보를 감지하거나, 휠체어나 의수 같은 스마트 장비를 제어하는 데 사용되며, BCI 기술을 통해 뇌졸중 재활, 신경 재활, 보철물 제어 등 다양한 의료 애플리케이션에서 활용되고 있다(Altaheri et al., 2023). BCI는 인간의 뇌와 외부 장치 간의 직접 소통을 가능하게 하는 혁신적인 기술로, 다양한 의료 및 비의료 분야에서 활용될 잠재력을 가지고 있다. 그러나 BCI의 발전은 동시에 새로운 유형의 범죄와 책임 소재에 대한 윤리적 문제를 제기한다.

첫째, 범죄자들이 뇌를 직접 해킹하거나 데이터 조작을 통해 범죄를 저지를 가능성이다. BCI는 잠재적으로 사이버 범죄에 취약한데, 이는 컴퓨터 범죄의 범위를 신경 기기로 확장하는 '신경 범죄'의 가능성을 내포한다. 용어의 정의는 해석의 여지가 있지만 뇌 해킹은 BCI 환자의 뇌에 있는 신경세포 정보에 접근하여 이를 조작하는 것으로 설명할 수 있고, 다른 한편으로는 경두개 직류 자극(Transcranial direct current stimulation, tDCS) 등을 통해 인지 능력을 향상하려는 시도로 해석할 수도 있다. 뇌 해킹은 신경 기술을 사용하여 신경 신호를 읽거나 변경하여 치료 효과와 인지, 심리 또는 운동 효과를 모두 유도하는 것을 말한다(Khan & Aziz, 2019).

신경 기술의 오용과 생물학적 정보의 보안 문제는 뇌에 중요한 영향을 미친다. 뇌는 인간의 행동과 자아 인식에 중요한 역할을 하며, 신경 장치가 사이버 범죄에 악용되면 신체적 보안뿐만 아니라 행동과 자아 인식에도 영향을 줄 수 있다. 신경 범죄는 뇌 정보에 직접 접근하지 않더라도 신경 장치의 기능을 방해하거나 종료하여 운동 능력을 박탈하고 심리적 고통을 유발할 수 있다. 악의적인 뇌 해킹은 뇌 정보를 조작하는 범죄로 이어질 수 있다(Ienca & Haselager, 2016).

이러한 범죄는 '뇌 해킹'과 '뇌 데이터 조작'으로 나눌 수 있다. 뇌 해킹은 해커가 BCI를 통해 타인의 생각 · 감정 · 행동을 조작하는 것으로, 예를 들어 간질 치료용 BMI가 악의적인 주파수로 인해 작동하지 않으면 발작 위험이 커질 수 있다. 휠체어 사용자도 움직임이 멈추지 않는 등 심각한 안전 위험이 발생할 수 있다. BMI 기술이 사회에 통합되면 해커가 간단한 주파수를 이용해 장치에 접근할 수 있어 위험이 증가하며, 이는 윤리적 검토가 필요한 중요한 문제다. 이 기술이 악용되면 특정 행동을 유발하거나 기억을 조작해 피해자가 의지와 상관없이 범죄를 저지르거나 책임을 지게 될 수 있다. 또 뇌 데이터 조작은 개인의 정체성, 인지 상태, 감정 등 민감한 정보를 변조해 신뢰성을 훼손하거나 특정인을 범죄자로 몰아갈 수 있다. 예를 들어, 법정에서 뇌 데이터를 증거로 사용하여 조작된 정보로 누군가를 범죄자로 만들 수 있다.

둘째, BCI를 통한 범죄는 전통적인 법적 틀 내에서 책임 소재를 정의하는 것을 복잡하게 만든다. 피해자와 가해자의 경계가 모호해지며, 자율성과 자유 의지에 대한 재해석이 필요하다. 주요 윤리적 논의는 다음과 같다.

(a) 자유 의지와 책임이다. 뇌 해킹으로 범죄가 발생할 경우, 그 책임은 해킹당한 개인에게 있는가, 해커에게 있는가? 개인이 의지와 상관없이 범죄를 저질렀다면, 법적·윤리적 책임을 물을 수 있을까? (b) 데이터 소유권과 프라이버시다. 뇌 데이터가 외부에 저장될 때, 소유권은 누구에게 있으며, 변조나 오용 시 법적 책임은 어디에 있는가?

BCI 기술은 미래의 잠재력과 함께 다양한 윤리적, 법적 문제를 제기한다. 특히 뇌 해킹과 뇌 데이터 조작 범죄는 기존 법적 틀과 윤리적 기준의 재정립을 요구한다. 이를 방지하기 위해, BCI 시스템 설계 시 사용자의 자율성을 존중하고 보호하는 기술적 안전장치가 필요하다. 또 사용자는 기술의 한계와 위험성을 충분히 이해해야 하고 사용자에게 자발적으로 동의할 권리가 보장되어야 한다. 궁극적으로 BCI 기술의 발전과 함께 인간 자율성 보호 대책을 마련하는 것이 중요한 과제다.

참고문헌

박형빈(2019). 『뇌신경과학과 도덕교육』. 울력.

Altaheri, H., et al.(2023). Deep learning techniques for classification of electroencephalogram (EEG) motor imagery (MI) signals: A review. *Neural Computing and Applications*,

35(20), 14681–14722.

Katsoulakis, E., et al.(2024). Digital twins for health: a scoping review. *NPJ Digital Medicine*, 7(1), 77.

Khan, S., & Aziz, T. (2019). Transcending the brain: is there a cost to hacking the nervous system?. *Brain Communications*, 1(1), fcz015.

Khan, S., et al.(2024). Autonomy and free thought in brain–computer interactions: Review of legal precedent for precautionary regulation of consumer products. *UC Law Science and Technology Journal*, 15(1), 95–130.

Hossain, S. M., et al.(2023). A new era of mobility: Exploring digital twin applications in autonomous vehicular systems. In 2023 IEEE World AI IoT Congress (AIIoT) (pp. 0493–0499). IEEE.

Ienca, M., & Haselager, P. (2016). Hacking the brain: brain – computer interfacing technology and the ethics of neurosecurity. *Ethics and information technology*, 18, 117–129.

Liu, B., et al.(2023). BCI controlled robot contest on the 50th anniversary of brain–computer interfaces. *Brain Science Advances*, 9(4), 237–241.

Marzullo, T. C.(2017). The missing manuscript of Dr. Jose Delgado's radio controlled bulls. *Journal of Undergraduate Neuroscience Education*, 15(2), R29–R35.

Milekovic, T., et al.(2018). Stable long–term BCI–enabled communication in ALS and locked–in syndrome using LFP signals. *Journal of Neurophysiology*, 120(7), 343–360.

Rainey, S.(2023). A gap between reasons for skilled use of BCI speech devices and reasons for utterances, with implications for speech ownership. *Frontiers in Human Neuroscience*, 17. https://doi.org/10.3389/fnhum.2023.1248806

Song, Y.(2023). Perspective of ethical issues associated with cognitive BMI. *Highlights in Science, Engineering and Technology*, 36, 468–477.

Wang, J., et al.(2022). Deep transfer learning–based multi–modal digital twins for enhancement and diagnostic analysis of brain mri image. *IEEE/ACM Transactions on Computational Biology and Bioinformatics*, 20(4), 2407–2419.

Yarnell, P. R. & Rossie, G. V.(1990). Bifrontal brain trauma and "good outcome" personality changes: Phineas P. Gage syndrome updated. *Journal of Neurologic Rehabilitation*, 4(1), 9–16.

06
BCI와 개인정보 보호: 뇌 데이터의 보안

BCI 기술의 발전으로 뇌파 데이터를 활용한 환경 제어가 현실화하고 있다. 그러나 뇌 데이터는 개인의 정체성과 심리 상태를 포함한 민감한 정보를 담고 있어 해킹 시 심각한 프라이버시 침해가 발생할 수 있다. 이러한 문제를 해결하기 위해서는 데이터 보호와 기술적 안전장치의 마련이 필수다.

AI와 야구?

뇌 데이터 시대의 도래

신경 기술의 발전은 개인을 기기와 연결하는 방법, 즉 BCI의 점진적인 발전을 가져왔다. 이 기술은 역사적인 돌파구를 나타내며, 뇌파의 변화를 기계가 기록하고 이를 텔레키네시스(telekinesis) 동작으로 변환함으로써 신체 장애를 가진 환자들이 움직임 능력을 회복할 수 있도록 돕고 있다(Reddy & Lingaraju, 2020). 그러나 이 기술이 의료 분야를 넘어 소비자 시장에 적용되면서, 방대한 양의 다양한 뇌 정보를 전파할 수 있는 능력 때문에 우려가 제기되었다.

BCI 데이터의 유출과 뇌 해킹: 개인정보 침해의 위험성

BCI 기술은 뇌파, 감정, 의도 등 다양한 신경 활동 데이터를 수집해 분석하고, 여러 응용 분야에서 활용할 수 있다. BCI는 의도적 뇌 활동을 다루는 능동적 BCI, 비의도적 상태를 해독하는 수동적 BCI, 외부 자극 반응을 사용하는 반응성 BCI로 나눌 수 있다. 예를 들어, 운전 중 졸음을 감지해 사고를 예방하는 것은 수동적 BCI의 사례다. BCI 시스템은 신호 수집 방식에 따라 침습적과 비침습적으로 구분되며, 최근 다양한 기술이 활용되고 있다.

신경 활동의 해독과 뇌 영역에 자극을 전달하여 가소성을 유도하는 기술도 발전하고 있으며, 이는 재활 및 신경과학적 응용을 뒷받침한다(Saha et al., 2021).

현재 빅 데이터, 고급 머신 러닝, 소비자 지향 신경 기술의 융합으로 대규모 개인 뇌 데이터를 수집, 저장, 분석하는 시대가 열리고 있다. 이는 뇌 구조와 기능에 대한 이해를 높이고, 새로운 바이오마커를 식별하며, 신경 기술 장치의 성능을 향상하는 중요한 돌파구를 마련할 수 있다. 이러한 발전은 신경과학 연구와 임상 신경학 및 정신의학에 혁신적인 영향을 미칠 가능성이 크다. 또 소비자 지향 신경 기술은 엔터테인먼트와 컴퓨팅에서 새로운 상호작용 방식을 창출하며, 여러 윤리적 및 법적 과제를 동반할 것이다.

첫째, 신경 기술 장치의 보안과 뇌 데이터의 개인정보보호 문제가 중요한 우려 사항이다. 뇌 데이터를 로컬 또는 웹 서버에 저장하면 데이터 노출, 유출, 해킹에 취약해진다. 또 생체 데이터와 다른 데이터를 상호 참조할 경우, 익명화가 해제되어 연구 대상자나 환자의 신원이 노출될 수 있다. 이로 인해 개인은 신원 도용이나 뇌 병리학 정보를 악용한 범죄 위협에 노출될 위험이 있다(Kellmeyer, 2021).

BCI 기술의 발전과 보급은 개인의 뇌 데이터를 사이버 공격에 노출하는 새로운 위험성을 초래한다. 뇌 데이터는 기존의 디지털 정보보다 훨씬 더 민감하고 개인적인 내용을 포함하고 있어, 그 유출이나 해킹은 심각한 개인정보 침해로 이어질 수 있다.

신경윤리학에서 개인정보 보호에 관한 논의는 정보기술 분야의 관점과 유사하다. 즉, 개인정보 보호는 개인의 정보가 어떻게 수집되고 활용되는지를 통제할 수 있는 능력으로 정의된다. 웨스틴(Alan Westin)은 정보 프라이버시를 우리에 대한 정보가 언제, 어떻게, 어느 정도 다른 사람에게 전달되는지 스스로 결정할 수 있는 우리의 주장으로 정의한 것으로 잘 알려져 있으며(Westin, 1968), 무어(Adam Moore)는 이것을 개인정보의 내부 영역과 자신의 신체에 대한 접근에 대해 일정 수준의 통제권을 유지할 권리로 이해한다(Moore, 2018). 신경윤리학 학자들도 대체로 이를 따르고 있다. 프라이버시는 자신에 대한 정보에 대한 통제권으로 이해할 수 있으며, 신경 데이터가 유출되면 개인의 내밀한 측면을 노출할 수 있다(Susser & Cabrera, 2024). 뇌파 데이터는 개인의 생각, 감정, 인지 상태 등 내밀한 정보뿐만 아니라 잠재적인 질병 상태와 같은 생리적 정보까지 포함하고 있어,

데이터가 유출되거나 해킹될 경우 개인의 심리적·신체적 상태가 무방비로 유출될 위험이 크다. 이러한 뇌 데이터의 해킹 가능성은 사이버 범죄의 새로운 형태의 사이버 범죄를 불러올 수 있으며, 금융 정보나 비밀번호와 같은 전통적인 데이터 침해보다 훨씬 더 심각한 영향을 미칠 수 있다.

둘째, 신경 기술의 지속적인 개발은 BCI 및 뇌 심부 자극술(Deep Brain Stimulation, DBS)과 같은 장치를 통해 인간의 경험을 근본적으로 변화시킬 가능성이 높다. 이 기술들은 뇌 깊숙이 이식된 전극, 뇌 표면의 전극, 또는 비침습적 장치로 뇌와 직접 상호 작용하며, 미국, 한국, 일본 등에서는 대규모 글로벌 신경 과학 이니셔티브에서, 미국에서는 뉴럴링크(Neuralink), 페이스북(현 메타) 같은 기업들이 이 기술의 발전을 주도하고 있다. 이러한 기술은 멀리 있는 물체 조작, 신경학적 사건 예방, 감정 및 기억 조절을 가능하게 하지만, 사용자의 내러티브와 자아 인식을 방해할 위험도 있다. 특히 BCI와 DBS는 개인의 프라이버시 영역을 침범하고, 신체와 정신 간의 경계를 모호하게 할 수 있다. 이 기술들은 정신적 상태를 기록하거나 변경할 수 있어 인간의 정체성, 행위, 사생활에 위협이 될 수 있으며, 사람이 외부 영향을 직접

받을 가능성을 높인다. 예를 들어, 타인의 기억을 이식해 수신자가 진짜 기억과 구별할 수 없게 할 수 있다(Goering et al., 2021).

인간 신경 과학과 신경 기술의 급속한 발전은 인간 뇌의 정보에 접근해 정보를 수집, 공유 및 조작할 수 있는 선례 없는 가능성을 제공한다. 이러한 응용 프로그램은 의도치 않은 결과를 방지하기 위해 해결해야 할 인권 원칙을 상기시킨다. 바로 인지적 자유에 대한 권리, 정신적 사생활에 대한 권리, 정신적 무결성에 대한 권리, 심리적 연속성에 대한 권리 등이다(Ienca & Andorno, 2017).

철학적 · 법학적 신경과학 연구에서 신경윤리와 신경법 분야는 뇌와 정신에 대한 권리, 자유, 자격 등의 윤리적 · 법적 도전에 대한 규범적 접근을 강조하며, 이를 '신경권(neurorights)'이라 부른다. 신경권은 뇌와 정신을 보호하는 기본 규범적 규칙으로 정의된다. 새파이어(William Safire)는 신경윤리를 '뇌에 대한 치료, 완벽화, 원치 않는 침입과 조작에 대한 옳고 그름을 검토하는 것'으로 설명했다(Safire, 2002). '신경법(neurolaw)'이라는 용어는 1990년대 초 테일러(Sherrod Taylor)에 의해 형사 사법 시스템에서 신경심리학자와 변호사 간의 협력 분야를 지칭하기 위해 만들어졌다. 이후 수십 년 동안 신경법의 범위는 신경과학과 법의 교차점 전체를 포함하는 것으로 확장되었다(Ienca, 2021). 2006년 미국 아실로마(Asilomar)에서 열린 회의의 결과로 설립된 국제신경윤리학회(The International Neuropsychological Society, INS)는 신경윤리와 신경법을 학문적 분야로 제도화하는 중요한 이정표가 되었다(De Vries, 2007).

1990년대와 2000년대 초반에 걸쳐 신경윤리와 신경법에 대한 담론은 인지 강화의 윤리적 허용(Sahakian et al., 2015), 신경영상과 관련된 윤리 문제, 마인드 리딩과 같은 기술이 제공하는 정보의 광범위함과 잠재적 오용에 대한 우려에서 비롯된다. 이러한 염려는 개인에 대한 낙인 형성, 건강보험 및 고용 차별까지 포함한다. 또 고급 신경영상은 연구 주제와 설계의 도덕적 및 사회적 수용 가능성에 대한 문제도 제기하며, 모든 신경 행동 현상이 윤리적으로 수용 가능한지에 대한 논의도 필요하다(Illes, 2003). 또 다른 윤리적 이슈는 법정에서 신경과학적 증거의 유효성과 허용성 판단이다. 신경권(neurorights)은 개인의 뇌와 정신 영역과 관련된 자유와 자격을 보호하는 윤리적 · 법적 · 사회적 원칙으로 정의되며, 이는 인간의 뇌와 정신을 보호하기 위한 기본 규범적 규칙을 의미한다(Kraft & Giordano, 2017).

국제 인권법은 개인정보 보호 권리를 공식적으로 인정하고 있다. 세계인권선언(Universal Declaration of Human Rights, UDHR) 제12조는 '누구든지 프라이버시와 명예에 대한 자의적 간섭을 받아서는 안 되며, 법적 보호를 받을 권리가 있다'고 명시한다. 유럽인권협약(European Convention on Human Rights, ECHR) 제8조는 '사생활, 가족생활, 가정 및 서신을 존중받을 권리'를 규정하며, '전화 도청이나 정보 수집으로부터의 보호'를 포함한다. 디지털 시대에는 뇌와 정신 과정에 대한 정보를 다루는 데이터 처리 기술이 새로운 프라이버시 문제를 제기한다(Ienca, 2021).

안전한 BCI 사용을 위한 기술적 보호와 사회적 합의의 중요성

엔지니어링 관점에서 BCI는 사용자의 신경 신호인 입력, 외부 환경에 대한 명령 실행을 위한 신호인 출력, 획득 및 신호 처리를 위한 중간 구성 요소로 구성된 뇌와 외부 환경 간의 통신 시스템이다(Brocal, 2023).

BCI 기술은 의료 분야에서 뇌졸중 환자와 같은 신경계 질환을 가진 사람들을 위한 치료적 접근부터, 소비자 시장에서 뇌파를 활용한 게임과 같은 엔터테인먼트까지 그 응용 범위가 확장되고 있다(Maiseli et al., 2023). 그러나 BCI 기술의 사용이 안전, 개인정보 보호 및 정보에 입각한 동의에 대한 사용자의 권리를 침해할 수 있다. BCI 게임이 사용자의 사적이고 민감한 데이터를 수집하는 데 이용될 수도 있다(Sun & Ye, 2023).

특히, 비인가된 접근이나 데이터 유출이 발생할 경우, 개인의 뇌파 데이터를 악용하여 심리적 조작, 정체성 도용, 차별적 대우 등의 심각한 문제가 발생한다. BCI 시스템에서 생성되는 데이터는 개인의 신경학적 프로파일을 구성할 수 있는 매우 민감한 정보다. 이 데이터가 외부에 유출될 경우, 사용자의 생각, 감정, 의도 등이 무단으로 해석되거나 조작될 수 있는 위험이 있다. 이 때문에 BCI 기술의 안전한 사용을 위해서는 데이터 수집, 저장, 전송 및 처리 과정 전반에 걸친 철저한 보호가 필수다. 또 BCI 데이터의 수집 및 사용에 대한 철저한 암호화와 비인가 접근 방지 메커니즘이 요구된다. 적절한 안전 프로토콜과 비침습적 접근 그리고 기술적 오류를 최소화하기 위한 정기적인 점검과 평가가 필요하다(Brocal, 2023). BCI 기술 사용에서 중요한 사항은 다음과 같다.

첫째, 데이터 암호화와 접근 제어다(Maiseli et al.,

2023). 데이터 접근 권한은 철저히 관리되어야 하며, 사용자의 명시적 동의하에만 접근이 허용되도록 해야 한다. 둘째, 침입 탐지 시스템 및 보안 모니터링이다(Swan, 2016). 셋째, 기술적 지원으로 사용자 인증 및 생체 인증과 같은 인증이나 접근 보안의 강화다(Abhishek et al., 2013). 넷째, 구성원의 합의를 위한 제도적 프레임워크 마련이다. BCI 기술의 윤리적 사용과 관련된 사회적 합의는 안전하고 신뢰할 수 있는 기술 개발 및 사용을 보장하기 위한 필수 요소다. 기술적 보호 메커니즘만으로는 BCI의 잠재적 위험을 완전히 해결할 수 없기 때문에, 관련 법적 · 윤리적 기준을 마련하고, 이를 기반으로 한 사회적 합의가 필수다. 예를 들면, 윤리적 기준과 법적 규제는 BCI 기술의 오용, 남용 그리고 불법적 사용을 방지하고, 개인의 프라이버시와 자율성을 보호하는 데 중요한 역할을 할 수 있다. 이를 위해 정부, 기업, 연구기관, 시민사회 등 다양한 이해관계자들이 참여하는 공론화 과정과 합의 도출 메커니즘이 필요하다. BCI 기술이 야기할 수 있는 윤리적 문제들을 예방하기 위해서는 국제적인 윤리적 가이드라인이 요구된다. 이러한 가이드라인은 개인 정보 보호, 데이터 사용, 사용자의 권리 보호 등을 명시해야 하며, 각국의 법적 규제와 조화를 이루어

야 한다. 또 BCI 연구 및 상용화 과정에서 윤리적 심사를 거치는 제도적 장치가 필요하다. 다섯째, 투명한 정보 공개와 사용자 동의다. BCI 기술 사용에서 가장 중요한 요소 중 하나가 투명한 정보 공개와 사용자 동의다 (Klein, 2016). BCI 기술 개발자와 공급자는 사용자에게 데이터 수집, 사용, 저장 방식에 대한 명확한 정보를 제공해야 하며, 사용자의 명시적 동의를 받아야 한다. 이는 사용자의 권리 보호와 신뢰 구축을 위한 중요한 단계다.

BCI 기술은 미래 사회에서 매우 중요한 역할을 할 가능성이 있지만, 그 잠재적 위험을 무시할 수 없다. 따라서 안전한 BCI 사용을 위해서는 기술적 보호 메커니즘뿐만 아니라, 이를 뒷받침할 수 있는 사회적 합의와 제도적 프레임워크 구축이 필수다. 이러한 다층적 접근은 BCI 기술의 발전을 촉진하면서도 개인의 권리와 안전을 보장하는 데 중요한 역할을 할 것이다.

참고문헌

Abhishek, K., et al.(2013). A comprehensive study on multifactor authentication schemes. In N. Meghanathan, D. Nagamalai, & N. Chaki(Eds.) Advances in computing and information technology: Proceedings of the second international conference on advances in computing and information technology (ACITY) July 13–15, 2012, Chennai, India–Volume 2(pp. 561–568). Berlin: Springer .

Brocal, F.(2023). Brain–computer interfaces in safety and security fields: risks and applications. *Safety Science*, 160. https://doi.org/10.1016/j.ssci.2022.106051

De Vries, R.(2007). Who will guard the guardians of neuroscience? Firing the neuroethical imagination. *EMBO Reports*, 8, S65–S69.

Goering, S., et al.(2021). Recommendations for responsible development and application of eurotechnologies. *Neuroethics*, 14(3), 365–386.

Ienca, M. & Andorno, R.(2017). Towards new human rights in the age of neuroscience and neurotechnology. *Life Sciences, Society and Policy*, 13, 1–27.

Ienca, M.(2021). On neurorights. *Frontiers in Human Neuroscience*, 15. https://doi.org/10.3389/fnhum.2021.701258

Illes, J.(2003). Neuroethics in a new era of neuroimaging. *American Journal of Neuroradiology*, 24(9), 1739–1741.

Klein, E.(2016). Informed consent in implantable BCI research: identifying risks and exploring meaning. *Science and Engineering Ethics*, 22, 1299–1317.

Kellmeyer, P.(2021). Big brain data: On the responsible use of brain data from clinical and consumer–directed neurotechnological devices. *Neuroethics*, 14(1), 83–98.

Kraft, C. J. & Giordano, J.(2017). Integrating brain science and law: Neuroscientific evidence and legal perspectives on protecting individual liberties. *Frontiers in Neuroscience*, 11.

https://doi.org/10.3389/fnins.2017.00621

Maiseli, B., et al.(2023). Brain – computer interface: trend, challenges, and threats. *Brain Informatics*, 10(1). https://doi.org/10.1186/s40708-023-00199-3

Moore, A. D.(2018). Privacy, interests, and inalienable rights. *Moral Philosophy and Politics*, 5(2), 327–355.

Reddy, G. R. & Lingaraju, G. M.(2020). A brain-computer interface and augmented reality neurofeedback to treat ADHD: a virtual telekinesis approach. 2020 IEEE International Symposium on Mixed and Augmented Reality Adjunct (ISMAR-Adjunct), 123–128.

Safire, W.(2002). Introduction, visions for a new field of "Neuroethics". In J. A. Cocke(Ed.), Neuroethics: Mapping the field, conference proceedings, May 13–14, 2002, San Francisco, California(pp. 3–9). New York, NY: The Dana Press.

Saha, S., et al.(2021). Progress in brain computer interface: Challenges and opportunities. *Frontiers in Systems Neuroscience*, 15. https://doi.org/10.3389/fnsys.2021.578875

Sahakian, B. J., et al.(2015). The impact of neuroscience on society: cognitive enhancement in neuropsychiatric disorders and in healthy people. Philosophical Transactions of the Royal Society B: Biological Sciences, 370(1677). https://doi.org/10.1098/rstb.2014.0214

Sun, X. Y. & Ye, B.(2023). The functional differentiation of brain – computer interfaces (BCIs) and its ethical implications. *Humanities and Social Sciences Communications*, 10(1), 1–9.

Susser, D. & Cabrera, L. Y.(2024). Brain data in context: Are new rights the way to mental and brain privacy?. *AJOB Neuroscience*, 15(2), 122–133.

Swan, M.(2016). The future of brain-computer interfaces: blockchaining your way into a cloudmind. *Journal of Ethics and Emerging Technologies*, 26(2), 60–81.

Westin, A. F.(1968). Privacy and freedom. *Washington and Lee Law Review*, 25(1), 166–170.

07
BCI와 사회적 정의: 형평성과 접근성

BCI 기술의 접근성 불평등은 경제적, 인프라적, 개인정보 보호 문제로 인해 심화하고 있으며, 이는 사회 전반의 구조적 불평등을 고착화할 위험이 있다. 이러한 문제를 해결하기 위해서는 공공정책 수립, 공공 및 민간 협력, 사용자 중심의 맞춤형 설루션, 기술 표준화, 개인정보 보호 강화 등 포괄적 접근이 필요하다. 지속 가능한 개발을 위한 모니터링과 평가도 필수다.

AI와 윤동주?

BCI 기술 접근성의 불평등과 사회적 영향: 고비용 기술로 인한 격차

BCI 기술은 마비 환자들을 위한 보조 기술로 의사소통 향상, 움직임 복원, 신경재활 등의 이점을 제공하지만, 동시에 인격 변화, 자율성 침해, 프라이버시 및 데이터 보안 문제, 사회적 낙인, 책임 소재 불명확성, 기술 접근성 불평등 등의 윤리적 · 법적 우려를 불러일으킨다. 특히 BCI 기술은 높은 비용과 인프라 요구로 인해 특정 계층에게만 접근 가능하다는 한계를 지니며, 이러한 불평등이 사회 전반에 미치는 영향을 분석할 필요가 있다.

첫째, 고비용 BCI 기술과 경제적 접근성의 격차다 (Burwell et al., 2017; Sonko et al., 2024). 현재 상용화된 BCI 기술은 높은 연구 개발 비용과 유지 비용이 필요하며, 전문 장비와 인프라, 숙련된 전문가의 개입이 필수적이다. 이로 인해 BCI 기술의 가격이 상승하고, 의료 · 교육 · 재활 분야에서 필수적으로 요청되더라도 경제적 부담이 큰 개인이나 단체에는 접근이 제한적일 수 있다. 특히, 신경 재활을 위한 BCI 장비는 초기 설치 비용과 유지 비용이 높아 많은 사람들이 이용하기 어렵다. 이러한 경제적 격차는 BCI 기술의 접근성을 사회경제적 지위에 따라 크게 차이 나게 하며, 사회적 불평등을 심화할 수 있다.

둘째, BCI 기술의 불균등한 접근성은 사회 전체의 구조적 불평등을 강화할 위험이 있다. 장애인과 정신 질환을 가진 사람들이 이 기술을 가장 필요로 하지만, 경제적 소외로 인해 기술을 이용하지 못할 수 있다. 기술이 효과적이고 안전하더라도, 소수의 환자 집단이 대상이거나 비용이 높으면 지속 가능한 배포가 어려워진다. 이에 따라 삶의 질 향상을 간절히 원하는 사람들이 경제적 여건으로 인해 불평등을 겪게 되며, 기술 지원 필요로 인해 비용 부담은 더욱 커질 수 있다(Bardon, 2024). 경제적 능력이 부족한 개인이나 지역 사회는 최신 의료 및 교육 기술에 접근할 수 없으며, 이로 인해 건강, 교육, 취업 기회에서 더 큰 격차가 발생할 수 있다. 이는 장기적으로 사회 계층 간 이동성을 저해하고, 기존의 사회경제적 불평등을 고착화할 수 있다.

셋째, 인프라와 교육 자원의 부족으로 인한 접근성 문제다. BCI 기술을 효과적으로 운영하려면 전문 인력과 전용 장비가 필요하나, 의료 및 교육 기관이 전 세계적으로 고르게 분포되어 있지 않다. 예를 들어, 아프리카 등 개발도상국에서는 BCI 연구를 위한 인프라와 전문 인력이 부족해 기술 경쟁력을 확보하기 어려운 상황이다

(Maiseli et al., 2023). 이러한 인프라와 교육 자원의 격차는 기술 발전의 혜택이 특정 국가나 지역에 집중되며, 기술 확산이 지리적 · 경제적 요인에 의해 크게 좌우됨을 의미한다. 결과적으로, BCI 기술의 불균등한 접근성은 전 세계적으로 기술 격차를 더욱 심화할 수 있다.

넷째, 데이터 접근성 및 프라이버시 문제는 BCI의 가장 명백한 윤리적 쟁점이다. 예를 들어, 읽기 BCI는 뇌 데이터뿐만 아니라 생리적 · 행동적 정보를 수집할 수 있으며, 이를 통해 사용자의 뇌 활동이나 생각에 대한 특정 추론을 공식화할 수 있다. 이는 사용자의 개인정보 보호와 보안에 잠재적 위험을 초래할 수 있다(Sun & Ye 2023). 또 BCI가 사용자의 뇌 신호 데이터를 수집하고 처리하는 과정에서 건강 상태, 감정, 인지 능력 등 개인의 민감한 정보가 포함될 수 있다. 이러한 민감한 데이터는 프라이버시 침해 가능성을 내포하고 있어 윤리적 우려를 낳는다.

따라서 데이터 보호 및 프라이버시를 보장하기 위한 기술적, 법적, 윤리적 규제와 정책이 필수적이다. 그러나 현재 BCI 기술이 적용되고 있는 많은 국가에서는 이러한 데이터를 안전하게 관리하기 위한 법적 · 정책적 틀이 충분히 마련되어 있지 않다. 이로 인해 데이터의 유출이나 악용, 불법적인 사용 등이 발생할 가능성이 있다(Berrick, 2022). 더욱이 경제적 자원이 부족한 개인이나 단체는 이러한 데이터를 보호하기 위한 추가적인 보안 시스템을 도입하는 데 어려움을 겪을 수 있다. 이러한 데이터 접근성 및 프라이버시 문제는 기술에 대한 신뢰를 저하시킬 뿐만 아니라, 기술 접근성에 또 다른 장벽이 될 수 있다.

BCI 기술의 포용적 발전: 취약 계층의 접근성 보장을 위한 방안

BCI 기술은 의사소통이나 사지 사용이 불가능한 개인들이 다시 의사소통하거나 보조 장치를 사용할 수 있도록 돕는다. 이러한 기술은 다양한 질환으로 고통받는 사람들의 삶을 극적으로 향상할 것으로 기대된다(Shih et al., 2012). 그러나 이러한 기술의 혜택이 사회 전반에 공평하게 전달되지 않으면, 그 발전은 의미를 잃을 수 있다. 특히 경제적, 신체적, 사회적 취약 계층은 BCI 기술의 높은 비용과 접근성 문제로 인해 혜택에서 소외될 위험이 크다. 이를 해결하고 포용적 발전을 이루기 위해서는 취약 계층의 접근성을 보장하는 구체적인 방안이 필요하다. 이러한 방안은 BCI 기술의 포용적 발전을 촉진하고,

취약 계층이 혜택을 누릴 수 있도록 돕는 해법이 될 수 있다.

첫째, 경제적 접근성 개선을 위한 공공 정책의 수립과 실행이다. BCI 기술은 현재 고비용 장비와 복잡한 인프라를 필요로 하기 때문에 상위 경제 계층만 접근이 가능할 수 있나. 예를 들면, 기능적 근적외선 분광법(Functional Near-Infrared Spectroscopy, fNIRS)은 점점 더 저렴해지고 있지만, 여전히 EEG나 MEG(Magnetoencephalography, 자기뇌파) 시스템보다 훨씬 비싸고 사용 및 결과 해석에 대한 전문 교육이 필요하다(Peksa & Mamchur, 2023). 비용과 접근성 문제는 사회적, 경제적 격차 심화와 불평등을 초래할 수 있다. 이를 방지하기 위해 정부의 적극적인 개입과 공공 정책이 필요하다. 정부는 연구 개발 단계부터 공공 자금을 투입해 상용화 비용을 낮추고, BCI 기술을 합리적인 가격에 제공할 수 있도록 관리해야 한다. 또 공공 의료 서비스에 BCI 기술을 통합해 누구나 경제적 여건과 상관없이 사용하게 할 수 있다. 그러나 BCI 기술의 진입 장벽을 낮추는 과정에서 새로운 윤리적 문제도 발생할 수 있음을 주의해야 한다.

둘째, BCI 기술의 포용적 발전을 위해서는 공공과 민간 부문의 협력이 필수다. 경제개발기구(OECD) 위원회의 신경 기술에 대한 책임 있는 혁신 권고안은 거버넌스 개선을 위한 일련의 원칙을 제시하고 있다. 여기에는 안전 평가 우선, 포용성 촉진, 과학적 협업 강화, 사회적 논의 가능성 보장, 감독 및 자문 기관의 역량 강화, 개인 뇌 데이터 보호, 관리 및 신뢰 문화 촉진, 의도치 않은 사용과 오용에 대한 예상 및 모니터링이 포함된다(García & Winickoff, 2022).

공공 및 민간 부문의 협력은 BCI 기술의 포용적 발전에서 중요한 요소다. 정부는 규제와 정책을 통해 기술의 공평한 배분을 촉진하고, 민간 기업은 상업적 이윤을 넘어 사회적 책임을 강조하는 기술 개발에 참여해야 한다. 또한 비영리 단체와 국제기구와의 협력을 통해 개발도상국과 빈곤 지역에서도 BCI 기술이 보급되도록 해야 한다. 이를 통해 글로벌 차원의 기술 접근성을 확대하고, 전 세계적으로 혜택이 고르게 분배되는 생태계를 구축할 수 있다.

셋째, 사용자 중심의 디자인과 맞춤형 설루션(solution)이다. 이상적인 BCI는 사용자의 상태에 적응하여 최적의 성능을 구현한다(Han et al., 2022). 취약 계층의 다양한 필요를 반영한 사용자 중심의 디자인을 구현하기 위해, 장애 유형, 연령, 문화적 배경 등을 고려한 맞춤형 설루션을 개발함으로써 BCI 기술의 효용성을 높일 수 있다. 사용자 참여형 설계 방법을 도입하여 사용자들의 피드백을 적극 반영하면, 이러한 맞춤형 접근이 취약 계층의 삶의 질을 크게 향상하고, 기술이 보다 넓은 사용자층에 도달할 수 있게 될 것이다.

넷째, 기술 표준화와 개방형 플랫폼 구축은 BCI 기술의 발전과 활용을 촉진하는 데 중요하다. 표준화의 주요 이점 중 하나는 상호 운용성 향상으로, 이를 통해 서로 다른 제조업체의 하드웨어와 소프트웨어를 쉽게 연결하고 통합할 수 있다. 이는 기술의 확장성과 접근성을 높이는 중요한 요소가 된다(Brunner et al., 2011).

다섯째, 신경학적 개인정보 보호의 법적 · 윤리적 보호 장치 강화는 필수적이다. CT, PET, EEG, fMRI와 같은 신경 영상 기술은 개인의 신경 데이터 접근 및 사용에 대한 프라이버시 문제를 제기한다. 특히, 스마트 기기와의 연결로 신경 데이터에 쉽게 접근하고 데이터를 공유할 수 있지만, 이는 데이터 프라이버시 측면에서 큰 문제를 야기할 수 있다. 신경 데이터는 개인의 뇌 활동을 직접 반영하는 매우 민감한 정보로, 유전자 데이터보다 더욱 민감하다. 이러한 데이터는 외부와의 소통이나 교류를 통제하려는 시도를 무의식적으로 노출할 수 있다. 더욱

이 범죄 예방이나 거짓말 탐지 목적으로 사법 시스템에서 사용될 경우, 피고인의 묵비권을 포함한 프라이버시 문제가 발생할 수 있다. 이론적으로 BCI를 통해 생각이나 행동이 당사자의 동의 없이 삽입된다면, 취약한 집단인 죄수나 군인에 대한 행동 조작 및 착취로 이어질 위험이 농후하다(Botes, 2022).

이러한 이유로 BCI 기술의 발전과 함께 취약 계층을 보호하기 위한 법적, 윤리적 장치 강화가 필요하다. 개인정보 유출과 신경 권리 침해 등의 윤리적 문제를 방지하기 위해 명확한 규제와 가이드라인을 마련해야 한다. 이러한 규제는 모든 사회 계층에 공평하게 적용되어야 하며, 특별히 취약 계층이 안전하고 자유롭게 BCI 기술을 사용할 수 있는 환경을 조성하는 것이 중요하다.

여섯째, 지속 가능한 개발을 위한 모니터링과 평가다. 1990년대 BCI의 발전은 EEG 기술의 공간적, 시간적 성능 향상을 촉진하였다. 임상 의학에서 EEG는 뇌 기능 상태를 평가하는 중요한 도구로, 신경 질환 및 정신 장애의 진단에 필수다. 기록된 EEG 신호 분석을 통해 생리적 상태와 질병 상태의 뇌 기능을 평가할 수 있으며, 이는 질병의 임상적 진단에 유용한 정보를 제공한다. 특히 EEG는 발작성 뇌기능 장애, 예를 들어 뇌전증(EP)의 정성적 분석 및 국소화에 대체 불가능한 진단 수단이다. EEG 신호는 임상적 의사 결정을 돕고 약물 치료 및 EP 수술을 안내하는 데 중요한 역할을 한다. 임상 적용이라는 특수성을 감안할 때, EEG 전극의 지속 가능한 개발이 중요하다. EEG의 지속 가능한 미래를 위해서는 재료와 기술 개발에 총체적인 접근이 요구된다.

지속 가능한 개발은 세계 환경 및 개발 위원회에서 정의되었는데, 현재 세대와 미래 세대의 요구를 균형 있게 충족하는 것을 목표로 한다. 이는 환경, 경제, 사회적 차원의 균형을 추구하는 광범위한 개념이다. 지속 가능한 개발의 관점에서 EEG 전극은 자원의 풍부성, 생체 적합성, 견고성, 비용, 환경 영향을 고려해야 한다. 또한 빅데이터 모델링 기법이 적용된 소형화, 무선화, 휴대용, 웨어러블 시스템은 지속 가능성과 밀접하게 관련된다. 이러한 기술은 의료 자원의 부담을 줄이고, 폐기물 발생을 최소화하며, 장기적으로 기록 가능한 제로 페이퍼 설루션(solution)을 제공하여, 맞춤형 원격 의료를 통한 공중보건 향상에 기여할 수 있다(Xiong et al., 2024). 나아가 포용적 발전 방안의 효과성을 높이기 위해서는 지속적인 모니터링과 평가가 필수적이다. 취약 계층의 접근성 향상 정도를 정량적으로 측정하고, 피드백을 바탕으로 정책과 프로그램을 지속적으로 개선할 필요가 있다. 이를 통해 BCI 기술이 사회적 형평성을 달성하는 데 실질적으로 기여하도록 할 수 있다.

BCI 기술의 포용적 발전은 단순한 기술적 문제를 넘어 사회 전반의 노력과 협력이 필요한 복합적인 과제다. 경제적, 사회적, 윤리적 문제를 종합적으로 해결하고, 취약 계층의 접근성을 보장하는 구체적인 방안을 추진해야 한다.

참고문헌

Bardon, A.(2024). The ways BCIs can be abused and the necessary preventative actions. *Journal of Student Research*, 13(2). 1-7.

Berrick, D.(2022.2.15). BCI technical and policy recommendations to mitigate privacy risks. Future of Privacy Forum, https://fpf.org/blog/bci-technical-and-policy-recommendations-to-mitigate-privacy-risks

Botes, M. W. M.(2022). Brain computer interfaces and human rights: Brave new rights for a brave new world. In C. Isbell, S. Lazar, A. Oh, A. Xiang(Eds.), Proceedings of the 2022 ACM conference on fairness, accountability, and transparency(pp. 1154-1161). New York: Association for Computing Machinery.

Brunner, P., et al.(2011). Current trends in hardware and software for brain – computer interfaces (BCIs). *Journal of Neural Engineering*, 8(2). DOI 10.1088/1741-2560/8/2/025001

Burwell, S., et al.(2017). Ethical aspects of brain computer interfaces: a scoping review. *BMC Medical Ethics*, 18, 1-11.

García, L. V. & Winickoff, D. E.(2022). Brain-computer interfaces and the governance system: upstream approaches. *OECD Science, Technology and Industry Working Papers.* Paris: OECD Publishing.

Han, Y., et al.(2022). Two sides of the same coin: adaptation of BCIs to internal states with user-centered design and electrophysiological features. *Brain-Computer Interfaces*, 9(2), 102-114.

Maiseli, B., et al.(2023). Brain – computer interface: trend, challenges, and threats. Brain Informatics, 10(1). https://doi.org/10.1186/s40708-023-00199-3

Peksa, J. & Mamchur, D.(2023). State-of-the-art on brain-computer interface technology. *Sensors*, 23(13). https://doi.org/10.3390/s23136001

Shih, J. J., et al.(2012). Brain-computer interfaces in medicine. *Mayo Clinic Proceedings*, 87(3), 268-279.

Sonko, S., et al.(2024). Neural interfaces and human-computer interaction: A US review: Delving into the developments, ethical considerations, and future prospects of brain-computer interfaces. *International Journal of Science and Research Archive*, 11(1), 702-717.

Sun, X. Y. & Ye, B.(2023). The functional differentiation of brain – computer interfaces (BCIs) and its ethical implications. *Humanities and Social Sciences Communications*, 10(1), 1-9.

Xiong, L., Li, N., Luo, Y., & Chen, L.(2024). Sustainable development of electroencephalography materials and technology. *SusMat*, 4(2). DOI: 10.1002/sus2.195

08
BCI의 잠재적 위험과 윤리적 이슈: 악용 가능성과 규제의 필요성

BCI 기술의 발전은 군사적 이용, 감시 시스템 구축, 인간 통제 등 다양한 악용 가능성을 지니고 있다. 이러한 기술이 악용될 경우, 개인의 자유와 사생활이 심각하게 침해될 수 있으며, '디지털 독재'와 같은 새로운 형태의 통제 수단으로 전락할 위험이 있다. 이를 방지하기 위해서는 국제적 윤리 규제와 안전성 평가 기준이 필수적이며, 이를 통해 기술의 발전과 인간 존엄성을 동시에 보호해야 한다.

AI와 한의학?

BCI 기술의 악용 사례와 윤리적 이슈: 군사적 이용, 감시 시스템, 인간 통제의 가능성

BCI 기술은 인간의 뇌와 컴퓨터 간의 직접적인 상호작용을 가능하게 하며, 의료 및 재활 분야에서 큰 혁신을 이루고 있다. 그러나 이러한 기술이 상업적, 군사적, 사회적 목적으로 악용될 가능성을 간과할 수 없다. BCI 기술의 악용 가능성과 이로 인해 발생할 수 있는 윤리적 이슈를 군사적 이용, 감시 시스템 및 인간 통제의 관점에서 검토하면 다음과 같다.

첫째, BCI 기술의 군사적 활용 가능성은 기술 발전과 함께 빠르게 현실화하고 있다. BCI 기술의 빠른 발전은 신경외과 의사들이 치료적 개입과 함께 군사 훈련과 작전, 전투 성능의 수정 및 최적화를 통해 군사력을 향상하는 데 참여할 기회를 창출하고 있다. 미국 국방부 산하 미국 국방부 고등 연구 계획국(Defense Advanced Research Projects Agency, DARPA)은 군용 차량 내부나 도시 환경과 같은 음향적으로 적대적인 환경에서 음성 인코딩을 위한 비음향 센서를 개발하는 '고급 음성 인코딩 프로그램'을 개발했다. 침묵 음성 인터페이스의 성공적인 적용 사례는 이미 보고된 바 있다(Kotchetkov et al., 2010). 군사 기관들은 병사의 신체 및 인지 능력을 극대화하기 위해 BCI 연구를 활발히 진행하고 있으며, 이는 전장 상황에서 즉각적인 의사소통과 신속한 판단을 가능하게 한다.

그러나 병사에게 침습적 또는 부분적으로 침습적인 BCI를 적용하는 것은 외과적 위험뿐만 아니라 신경인지적 향상 및 개인 정체성의 변화 문제를 야기하는 윤리적으로 도전적인 시나리오를 내어놓을 수 있다. 건강한 개인의 인지적 · 신체적 · 심리적 향상은 질병의 치료와 예방을 통해 건강을 정상 수준으로 회복시키려는 것은 다른 의미를 갖는다. 또 병사들의 정신 상태를 제어하거나 무력으로 명령을 주입하는 방식으로 인권 침해가 발생할 가능성이 높다. 이러한 기술적 발전은 병사들을 단순한 도구로 전락시킬 수 있으며, 자율성의 상실과 인간 존엄성의 훼손을 초래할 수 있다.

그럼에도 BCI 장치로 인간의 능력을 확장하는 것은 병사들이 전투 임무를 수행하고 성공할 수 있도록 하는 이점의 관점에서 간과하기는 어렵다. 이러한 맥락에서 BCI의 발전은 국가 안보에 중요한 기여를 하고 있다. 이와 마찬가지로, 책임감 있는 군대의 손에 기술이 주어진다면 BCI는 국가의 이익과 국민을 보호할 수 있지만, 만약 이 기술이 테러리스트와 같은 불법 집단에 의해 획득

된다면 테러와 불안정을 촉진할 수 있다. 나아가 기존의 BCI 응용 프로그램이 치료적 사용을 통해 더 넓은 인구에게 큰 혜택을 줄 가능성이 있다면, 이를 정당하게 사회에 배포하지 않고 비밀로 유지하는 것은 윤리적 의문을 야기할 수 있다. 그렇기에 윤리적 고려는 우선 적용되어야 한다.

둘째, 감시 시스템에서의 악용이다. BCI 기술이 감시 및 통제 시스템에 도입될 경우, 개인의 사생활과 기본권이 심각하게 침해될 가능성이 존재한다. AI 기술 발전과 함께 인터넷, AI 비서, 스마트 시스템, 웨어러블 기기 사용으로 인한 개인정보 보호 문제는 이미 나타나고 있다. BCI 기술은 뇌 데이터 수집 가능성 때문에 이러한 우려를 더욱 심화할 수 있다. 예를 들어, 기업들은 개인의 동의 없이 BCI 데이터를 수집하여 이를 통해 얻은 정보를 악용할 수 있다. 또한 해킹으로 인해 민감한 뇌 데이터가 유출될 위험도 존재한다. 더욱이 문제가 되는 것은 인지 자유 침해 가능성이다. 직장이나 학교에서 BCI 기술을 사용하여 개인의 주의 수준을 지속적으로 모니터링하고 향상하도록 강요하는 것은 인지 자유를 침해할 수 있다. 뇌 해킹 위험도 야기된다. BCI 기술은 해커들에게 악용되어 개인의 사고와 행동을 통제하는 데 사용될 수 있다.

해커들은 BCI 기기를 해킹하여 민감한 뇌 데이터를 훔치거나, BCI에서 명령을 받는 외부 기기를 제어하거나, 양방향 BCI의 경우 사용자의 뇌에 입력되는 정보를 조작할 수 있다(Erler & Müller, 2023).

개인의 사고와 감정, 행동 패턴을 실시간으로 감시할 수 있는 기술적 잠재력은 권위주의적 정권이나 기업의 통제 수단으로 악용될 우려가 크다. 예를 들어, 특정 행동을 유도하거나 불응하는 이들을 억압하는 데 BCI 기술이 사용될 수 있다. 이는 국민들의 자유의사와 표현의 자유를 본질적으로 침해하며, '디지털 독재'의 새로운 형태를 초래할 수 있다.

셋째, 인간 통제의 가능성이다. BCI 기술은 궁극적으로 인간의 정신적, 육체적 자율성을 심각하게 위협할 수 있다. BCI 기술이 환자의 자율성과 선택권에 미치는 영향은 많은 학자들의 주요 관심사였다(Sun & Ye, 2023). 예를 들어, 특정 조직이나 권력자가 개인의 사고와 행동을 조작하는 시나리오가 현실화할 수 있으며, 이는 인간 통제의 새로운 시대를 열 수 있다. 특히, 개인의 의사 결정을 제어하고, 행동을 강제하는 기술적 장치는 새로운 형태의 억압 수단이 될 수 있다. 이는 자유 사회의 근본 원칙을 위협하며, 사회적 불안정성을 초래할 수 있는 심각한 문제로 부상 가능하다는 점에서 우려의 대상이 된다.

BCI 기술의 이러한 악용 가능성은 윤리적 논의가 반드시 선행되어야 함을 시사한다. 특히 인간의 자유와 자율성을 보장하기 위한 강력한 윤리적 기준과 법적 규제가 필요하다. 이를 위해서는 기술 개발자뿐만 아니라 정책 입안자, 법률가, 윤리학자들의 협력이 필수적이다. 예를 들어, 투명한 기술 개발과 책임 있는 사용을 보장하는 규제 프레임워크가 필요하며, 국제적 차원의 윤리적 논의와 협력이 이루어져야 한다.

BCI 기술은 인간 능력 향상에 큰 가능성을 제시하지만, 개인의 사생활과 기본권을 침해할 위험 또한 초래한다. 따라서 BCI 기술의 개발 및 활용 과정에서 개인정보 보호, 인지 자유 보장, 뇌 해킹 방지 등 윤리적 측면에 대한 신중한 고려가 필수적이다. 더불어 이 기술이 인간의 자율성을 침해하거나 권력자의 통제 수단으로 악용되는 것을 방지하기 위해 강력한 규제와 윤리적 가이드라인이 시급히 마련되어야 한다. 국제 사회는 BCI 기술의 발전이 인류의 이익을 위한 방향으로 나아갈 수 있도록 법적, 윤리적 대응을 강화해야 한다. 이를 통해 우리는 BCI 기술이 인류 발전에 긍정적으로 기여할 수 있도록 보장할 수 있을 것이다.

BCI 기술의 안전과 존엄성 보호를 위한 국제적 규제 프레임워크

BCI 기술은 뇌 활동을 읽고, 조작하고, 심지어는 외부 시스템과 연결할 수 있다. 이는 의식적인 여과 없이 생각과 감정에 접근할 수 있으므로 프라이버시를 침해할 수 있다. 예를 들어 뉴로마케팅 기술은 개인의 무의식적인 선호도를 이용하여 구매 결정에 영향을 미칠 수 있다. BCI는 사용자의 생각, 감정, 행동을 조작할 수 있으므로 자율성과 책임 소재에 대한 의문을 제기한다.

또 BCI 기술에 대한 접근성이 불평등해지면서 사회경제적 불평등이 심화할 수 있다. 예를 들어, 인지 능력 향상 기술이 부유층에게만 제공된다면 사회적 불평등이 더욱 악화할 수 있다. 그리고 BCI는 거짓 기억을 생성하거나 기존 기억을 변경 또는 삭제하는 데 사용될 수 있으며, 이는 개인의 정체성과 진실성에 대한 심각한 위협이 된다. BCI 기술이 전투원의 능력 향상, 정보 수집, 심지어는 무기 제어에 사용될 수 있다는 우려도 제기된다.

BCI 기술은 개인의 신경 활동에 직접 개입한다는 점에서 사용자의 안전과 존엄성 보호를 위한 국제적 규제의 필요성이 대두된다(Becht, 2020). BCI 기술은 인류에게 큰 혜택을 가져다줄 수 있지만, 동시에 심각한 위험도 내포하고 있다. 국제 사회는 협력하여 BCI 기술 개발과 사용에 대한 명확하고 강력한 윤리적 · 법적 프레임워크를 구축해야 한다. 예를 들면, 뉴로테크놀로지, 특히 BCI 기술의 윤리적 문제를 다루는 법률과 국제 협약을 제정하는 것도 생각해 볼 수 있다. 뉴로 권리를 명시적으로 보호하는 법적 장치가 필요하다. 이를 위해서 BCI 기술의 개발과 사용을 감독하고 규제하는 국제기구 설립을 고려할 수 있다. 동시에 BCI 기술의 윤리적, 사회적 영향에 대한 사회적 논의와 교육을 통해 대중의 인식을 높여야 한다.

이 기술이 개인의 신경 정보를 실시간으로 수집하고, 외부에서 이에 접근하거나 이를 조작할 수 있게 만든다는 사실은 인간의 근본적 권리에 대한 중대한 위협이 될 수 있다. BCI 기술의 발전 속도를 고려할 때 잠재적 위험을 완화하고 이점을 극대화하기 위해서는 국제적 규제가 시급하며 다음과 같은 국제적 규제 방안을 제시할 수 있다.

첫째, 협력적인 윤리적 프레임워크 구축이다. 연구, 개발 및 적용 과정에서 인간의 존엄성, 자율성, 프라이버시, 정의 및 책임성과 같은 윤리적 원칙을 준수하도록 한다. 예를 들면, 뇌파 데이터를 통한 기계 학습은 신경과학자, 데이터 분석가 및 윤리학자 간의 협력이 필수적이다. 이 협력은 이 분야에 종사하는 개인의 복지와 권리를 보호하는 데 필요하며, 이러한 상황은 끊임없이 변화하고 있다(Bhambri & Singh, 2024).

둘째, 데이터 보호와 프라이버시 규제 강화다. 신경 데이터 암호화 의무화, 데이터 접근 권한 제한 및 로그 기록 의무화, 신경 데이터의 제3자 공유 시 사용자 동의 필수화, 데이디 보유 기간 제한 및 삭제 의무화, 신경 데이터 국외 이전 제한 등을 생각할 수 있다.

셋째, 윤리적 사용을 위한 국제 협약 체결이다. BCI 기술의 윤리적 사용에 관한 국제적 합의가 필요하다. 이는 기술의 불균형적 발전을 방지하고, 인간의 존엄성과 자율성을 보호하는 데 중요한 역할을 할 것이다. 특히, 군사적 목적이나 비윤리적인 인지 조작에 대한 명확한 금지 조항을 포함해야 한다. 예를 들면, BCI 기술의 군사적 사용 금지, 인지 능력 강화 목적의 BCI 사용에 대한 규제, BCI를 통한 마케팅 및 상업적 목적의 뇌 활동 분석 제한, BCI 기술을 이용한 범죄 행위에 대한 처벌 강화, BCI 연구 및 개발에 대한 윤리 위원회 심사 의무화 등을 고려할 수 있다.

넷째, 기술 안전성 평가 글로벌 표준 수립이다. BCI 장치의 안전성을 보장하기 위한 국제적으로 통용되는 기술적 검증 및 테스트 절차를 마련해야 한다. 이는 사용자의 신체적·정신적 안전을 담보하고, 기술 개발자들에게 명확한 안전 기준을 제시할 것이다. 예를 들면, BCI 장치의 전자기 안전성 기준 마련, 장기 사용에 따른 신경학적 영향 평가 의무화, BCI 소프트웨어의 버그 및 오류 검증 절차 표준화, 사이버 보안 취약점 평가 및 대응 체계 구축, 실시간 모니터링 및 긴급 차단 기능 의무화 등이다.

다섯째, 인지적 자유와 정신적 온전성 보호는 개인의 정신적 자기 결정권을 중심으로 한 복잡한 개념이다. 이는 두 가지 주요 원칙을 포함한다. (a) 신경 기술을 사용할 권리, (b) 그러한 기술의 강제적이고 비동의적인 사용으로부터 보호받을 권리다. 이를 통해 개인은 자신의 정신 상태를 신경 도구로 변경할 권리와 그렇지 않을 권리를 가진다. 이러한 권리는 '기본적인 인권'으로 간주되며, 신경 기술 규제의 핵심 법적 원칙으로 자리 잡을 수 있다. 기존 인권이 충분하지 않을 경우, 인지적 자유권, 정신적 사생활권, 정신적 무결권, 심리적 연속성권과 같은 새로운 권리가 중요해질 것이다(Ienca & Andorno, 2017).

BCI를 통한 비자발적 정보 추출 금지, 사용자의 의사결정 과정에 대한 BCI 개입 제한, BCI를 통한 기억 조작 또는 삭제 행위 규제, 정신적 프라이버시 침해에 대한 법적 제재 마련, BCI 사용자의 인지적 자율성 보장을 위한 가이드라인 수립 등이 요구된다.

여섯째, 접근성과 형평성 보장이다(Shea, 2021). BCI 기술의 공공 의료 시스템 내 통합 의무화, 저소득층을 위한 BCI 기술 지원 프로그램 도입, 장애인을 위한 BCI 기술 개발 및 보급 촉진 정책, BCI 교육 및 훈련 프로그램의 보편적 접근성 보장, BCI 기술 특허의 공정한 자격증 정책 등을 고려해 볼 수 있다.

이 외에도 책임 소재 명확화 및 피해자 보호 메커니즘 구축, 지속적인 모니터링과 평가 체계 확립(McCullagh et al., 2014) 등이 필요하다. 국제 사회가 공동으로 노력하여 BCI 기술 발전의 이점을 극대화하면서도 잠재적 위험을 최소화하고, 인간의 존엄성을 보호하는 방향으로 나아가는 것이 중요하다(Chavarriaga et al., 2023). BCI 기술의 안전성과 윤리성을 보장하기 위한 국제적 규제 프레임워크는 기술 발전을 억제하는 것이 아니라,

인간의 존엄성과 자유를 보호하면서도 혁신을 장려하는 방향으로 설계되어야 한다.

참고문헌

Becht, O.(2020.9.24). The brain-computer interface: new rights or new threats to fundamental freedoms? (Report No. 15147). Council of Europe, Parliamentary Assembly, Committee on Legal Affairs and Human Rights. https://pace.coe.int/en/files/28722

Bhambri, P. & Singh, M.(2024). Emotional sentiment analysis by machine learning from EEG of brainwave data. In P. Bhambri, R. Soni, & T. A. Tran(Eds.), *Smart healthcare systems: AI and IoT perspectives*(pp. 171-186). Boca Raton, FL: CRC Press,

Chavarriaga, R., et al.(2023). Neurotechnologies: the new frontier for international governance. *Geneva Centre for Security Policy*, 29. https://www.e-helvetica.nb.admin.ch/api/download/urn%3Anbn%3Ach%3Abel-5258812%3ASSA-29-Polymath-2023-04.pdf/SSA-29-Polymath-2023-04.pdf

Erler, A. & Müller, V. C.(2023). AI as IA: The use and abuse of artificial intelligence (AI) for human enhancement through intellectual augmentation (IA). In F. Jotterand & M. Ienca(Eds.), *The Routledge handbook of the ethics of human enhancement*(pp. 189-201). Milton Park, UK: Routledge.

Ienca, M. & Andorno, R.(2017). Towards new human rights in the age of neuroscience and neurotechnology. *Life Sciences,*

Society and Policy, 13, 1–27.

Kotchetkov, I. S., et al.(2010). Brain–computer interfaces: military, neurosurgical, and ethical perspective. *Neurosurgical Focus*, 28(5), 1–6.

McCullagh, P., et al.(2014). Ethical challenges associated with the development and deployment of brain computer interface technology. *Neuroethics*, 7, 109–122.

Shea, K.(2021). Towards improving access to assistive communication through brain computer interface technology, interface design, and policy. Doctoral dissertation, University of Toronto, Canada.

Sun, X. Y. & Ye, B.(2023). The functional differentiation of brain–computer interfaces (BCIs) and its ethical implications. *Humanities and Social Sciences Communications*, 10(1), 1–9.

09
BCI 기술이 그리는 미래: 변화하는 가치관과 윤리적 과제

BCI 기술이 보편화된 미래 사회는 인간과 기술의 경계를 허물며 자율성과 정체성의 재정립을 요구한다. 기술 의존성 증가와 함께 프라이버시 침해, 자율성 상실 등의 윤리적 문제가 발생할 수 있어, 이를 해결하기 위한 새로운 윤리적 원칙과 사회적 논의가 필수적이다.

AI와 화장품?

BCI가 보편화된 미래 사회의 전망: 인간과 기술의 관계 재정립과 새로운 가치관 형성

BCI의 기술적 진보는 인간이 기술과 상호작용하는 방식을 근본적으로 변화시킬 것이다. BCI는 뇌와 외부 장치를 직접 연결해 인지 능력과 물리적 한계를 확장하는 강력한 도구가 된다. 이러한 변화는 단순한 기술적 발전을 넘어서, 인간과 기술의 관계를 재정립하고, 새로운 가치관을 형성하는 중요한 전환점이 될 것이다.

BCI는 뇌 활동을 디지털 신호로 변환해 컴퓨터나 기계를 제어할 수 있게 하며, 특히 신체적 장애를 가진 사람들에게 큰 혜택을 줄 것으로 기대된다. 초기에는 주로 의료 목적으로 사용되었으나, 기술 발전과 함께 다양한 산업과 일상생활에서도 적용될 범용 기술로 자리 잡을 가능성이 크다. 예를 들어, BCI를 통해 생각만으로 스마트폰이나 가전제품을 제어하거나, 가상현실(VR)과 증강현실(AR) 환경에서 완전한 몰입 경험을 제공할 수 있다. 이러한 발전은 인간과 기술의 경계를 허물고, 기술과의 통합이 당연시되는 새로운 사회적 패러다임을 형성할 것이다.

첫째, 인간의 자율성과 정체성의 변화다. BCI 동작은 말초 신경계를 우회하여 이루어지므로 BCI를 통한 동작은 다른 기술을 작동하는 것과 느낌이 다를 수 있다 (Kögel et al., 2020). BCI가 보편화됨에 따라, 인간의 자율성과 정체성에 대한 개념 또한 재정립될 필요가 있다. 대부분의 자율성 설명에서 필수적인 것으로 간주하는 세 가지 능력이 있다, 즉 (a) 정보와 지식을 사용하여 이유를 산출하는 능력, (b) 의도한 행동이 효과적으로 실현되도록 하는 능력(통제), (c) 구체적인 관계와 맥락에서 의도를 실행하는 능력이다. BCI 기술이 이러한 각 능력에 미치는 영향을 고려할 필요가 있는데 이때 영향에는 사용자의 자율성에 주는 긍정적인 영향뿐만 아니라 철학적, 윤리적 논의가 더 필요한 부정적인 영향도 있다 (Friedrich et al., 2021).

전통적으로 인간의 자율성(autonomy)은 자신이 생각하고 행동하는 방식에 대한 통제권을 의미한다. 자율성은 그리스어 autonomia에서 유래했으며, 원래 국가의 독립이나 자주 결정을 의미하는 정치적 의미에서 사용되었다. 루소(Jean-Jacques Rousseau)는 『사회계약론(Du contrat social)』(1762)에서 자율성 개념을 도덕적 영역으로 확장하는 기초를 제공했다. 그에 따르면, 자율성은 '자신이 스스로에게 규정한 법에 대한 복종'으로 정의되었다. 칸트와 함께 루소의 자유 개념은 내면화되어 자율성으로 변화한다. 칸트(Immanuel Kant)는 『도덕형이상학 정초(Groundwork of the Metaphysics of Morals)』(1785)에서 이 개념을 처음으로 소개했다. 그는 자율성을 범주적 명령의 가능성의 조건으로서 도덕성의 최고의 원칙이라고 주장한다(Sensen, 2012). 이 결과를 바탕으로, 그는 모든 이성적 존재자의 의지에 자율성을 부여하는 것이 정당하다는 것을 보여 주려 했다. 그의 영향으로 인해 자율성은 현대 도덕 철학에서도 중요한 주제가 되었다.

자율성의 도덕철학적 개념을 감안할 때, BCI는 뇌의 신호를 해석하고 그에 따라 기계를 제어하는 과정에서 인간의 의지와 외부 시스템 간의 경계를 모호하게 만든다. 이는 인간의 의지와 행동이 외부 장치에 의해 얼마나 영향을 받을 수 있는지에 대한 새로운 논의가 필요함을 시사한다. 더불어 BCI 기술을 통해 인간의 능력이 확장되거나 변형될 경우, 인간의 정체성 또한 새로운 방식으로 재구성될 것이다. 인간은 자신의 능력과 한계를 바탕으로 자신을 정의하는 경향이 있는데, BCI가 이 한계를 확장하거나 변화시킨다면, 인간이 스스로를 인식하는 방식 또한 크게 변할 수 있다. 이러한 변화는 신경 기술이 단순한 기능적 도구에서 벗어나, 인간의 내적 경험과 존재에까지 깊숙이 영향을 미칠 수 있음을 의미한다.

둘째, 인간과 기술의 관계 재정립이다. BCI 시스템은 뇌 신호를 수집하는 센서와 관련 하드웨어에 의존한다. 이는 인간의 생각과 의도를 직접적으로 기계에 전달할 수 있게 해 주는 혁신적인 기술이다. 뇌 활동의 전기 신호는 두피, 피질 표면 또는 뇌 내부에 위치한 전극을 기록하여 감지한다(Shih et al., 2012). 이러한 방식으로 수집된 뇌 신호는 컴퓨터 알고리즘에 의해 해석되어 다양한 명령이나 행동으로 변환된다. 이처럼 BCI가 인간의 신체와 뇌를 기술적 장치와 직접 연결함에 따라, 인간과 기술의 관계는 근본적으로 재정립될 것이다.

과거에는 인간이 기술을 외부 도구로써 이용했다면, BCI 시대에는 기술이 인간의 신체 일부로 통합될 가능성이 크다. 이로써 기술과 인간의 경계가 더욱 모호해지며, 기술이 인간의 능력을 극대화하는 동시에 인간의 기술적 의존성을 심화할 수 있다. 예를 들어, 신경 기술의 발전으로 인해 인간은 물리적 환경과 상호작용하는 방식을 완전히 새롭게 정의하게 될 것이다. 이는 새로운 사회적 규범과 가치관을 형성할 수 있으며, 인간의 사회적 관계와 개인적 정체성에 대한 인식 또한 변화시킬 것이다. BCI를 통한 통합이 심화할수록 인간은 기술을 자신의 일부분으로 인식하게 될 것이고, 이로 인해 기술적 통합을 거부하거나 수용하는 문제는 개인의 선택을 넘어 사회적 논의로 확장될 것이다.

셋째, 새로운 가치관의 형성은 BCI 기술이 보편화된 사회에서 필연적으로 일어날 현상이다. BCI 기술은 인간의 능력을 확장하고 변화시킬 잠재력을 가지고 있어 개인적, 사회적 가치관에 깊은 영향을 미칠 것으로 예상된다. 기술의 진보는 사회적 불안과 갈등을 야기할 수 있는 가상의 상황을 상상하게 한다. 고용주가 직원의 뇌 활동을 모니터링하는 것과 같이 기존 권력 구조가 BCI 기술을 남용할 가능성이 있다(Hansen, 2019). 이는 개인의 프라이버시와 자율성에 대한 새로운 윤리적 문제를 야기한다. 또 BCI 기술의 보편화로 인한 사회 변화는 다양한 측면에서 나타날 수 있다. 예를 들어, BCI를 통해 인지 능력이 향상된 사람들과 그렇지 않은 사람들 사이의 불평등 문제는 새로운 사회적 논쟁을 불러일으킬 수 있고, 의사소통은 기존의 언어 기반 소통 방식을 근본적으로 바꿀 수 있으며 정보 습득과 기술 학습 방식을 변화시켜 교육 시스템 전반에 영향을 미칠 수 있고, 의사소통 방식의 변화는 인간 관계와 사회적 상호작용에 새로운 차원을 더할 수 있다.

이와 같은 변화는 개인의 정체성, 사회적 책임, 공정성에 대한 새로운 윤리적·철학적 논의를 요구하며, BCI 기술의 발전과 함께 사회적 가치관과 윤리 규범의 동반 발전이 필요하다. BCI 기술의 의존성 증가로 인해 자율성, 프라이버시, 자유 의지에 대한 윤리적 문제가 대두될 수 있다. 특히, BCI가 뇌 신호를 읽고 제어할 수 있다는 점에서 사적 영역에 대한 통제권 문제가 중요하게 부각된다. 따라서 기술 발전 속도에 맞춰 윤리적·사회적 합의를 이루는 것이 필수적이다.

미래 사회는 인간과 기술이 상호 공진화하며, 인간의 능력은 기술을 통해 확장되고, 기술은 인간의 필요에 맞춰 진화할 것이다. 이 과정에서 인간과 기술의 경계가 재정의될 필요성이 제기되며, 새로운 사회적·윤리적 틀이 요구된다. 결국, BCI 시대는 단순한 기술 진보를 넘어 인간 존재 방식과 사회 구조 전반에 근본적인 변화를 가져오며, 사회에는 이를 수용할 새로운 가치관과 윤리적 기준이 형성되어야 한다.

BCI 시대를 위한 AI 윤리: 변화된 환경의 새로운 윤리적 원칙

변화된 환경에서는 기존의 AI 윤리 원칙들을 재검토하

고, BCI 시대에 맞는 새로운 윤리적 원칙을 수립할 필요가 있다.

첫째, 인간 자율성의 보장과 존중이다. BCI 기술은 인간의 뇌와 AI 시스템 간의 직접적인 연결을 가능하게 하며, 이는 개인의 자율성에 중대한 도전 과제를 던진다. AI 시스템이 뇌 신호를 해석하고 결정을 내리는 과정에서 인간의 자율성을 침해할 가능성이 존재하는 것이다(Valeriani et al., 2022). 이와 관련해 신경 인터페이스 기술의 발전이 의사 결정 과정에서 인간의 자율성을 약화할 수 있다는 우려가 제기되고 있으며, 이러한 우려는 기술 알고리즘이 의사 결정에 영향을 미칠 때 특히 두드러진다. 또 신경 임플란트는 개인의 시각 경험 및 신경 활동과 관련된 상당한 양의 민감하고 개인적인 데이터를 생성할 수 있다(Waisberg et al., 2024). 이러한 이유로 AI 시스템은 인간의 의사 결정을 보조하는 역할에 그쳐야 하며, 최종 결정권은 항상 인간에게 있어야 한다.

둘째, 프라이버시와 데이터 보호다. BCI 기술은 뇌 신호와 같은 개인의 내밀한 데이터를 수집하고 처리하는 능력을 가진다. 이는 기존 개인정보 보호의 범위를 넘어서는 새로운 윤리적 문제를 야기한다. 예를 들어, 뇌 신호 데이터는 민감한 개인정보로 간주될 수 있으며, 무단 접근 시 개인의 가장 내밀한 생각에 대한 침해가 발생할 수 있다(Waisberg et al., 2024). 이를 감안할 때, BCI 시스템은 뇌 데이터의 수집과 처리 과정에서 데이터 최소화 원칙을 준수해야 하며, 사용자는 데이터가 어떻게 수집, 사용, 저장되는지 명확히 이해하고 동의할 수 있어야 한다(Valeriani et al., 2022). BCI 시스템은 최고 수준의 암호화와 보안 조치를 적용해 무단 접근이나 오용을 방지해야 한다.

셋째, 공정성과 차별 방지다. BCI 기술은 인지 능력을 증강할 가능성이 있지만, 이에 따른 사회적 불평등과 접근성의 문제가 야기될 수 있다. 특히, 이 기술의 발전이 의료 격차를 악화시킬 수 있으며, 이는 사회적 형평성을 훼손할 우려가 있다(Waisberg et al., 2024). 신경 임플란트와 같은 기술이 경제적 접근성이나 기술 가용성에 의해 제한될 경우, 소외 계층은 혜택을 받지 못할 수 있다. 따라서 BCI 기술은 모든 사람에게 공평하게 접근 가능해야 하며, 경제적 · 사회적 장벽을 최소화해야 한다. 특히, 장애인이나 소외 계층에 대한 차별을 방지하는 윤리적 가이드라인이 필수다.

넷째, 투명성과 설명 가능성이다. 복잡한 의사 결정 과정에서 AI 시스템의 결정 과정과 근거를 투명하게 공개해야 하며, 사용자는 자신의 뇌 활동이 AI의 결정에 어떻게 영향을 미치는지 명확히 이해할 수 있어야 한다. 특히, 신경 임플란트 기술(예: 뉴럴링크)과 관련해서는 잠재적 위험과 혜택을 명확히 설명하고, 사용자가 충분히 인지한 상태에서 동의할 수 있도록 하는 것이 중요하다.

다섯째, 보안과 안전성이다. 사물인터넷(IoT), 유비쿼터스 컴퓨팅, 인공지능이 혁신적인 기술 발전을 이끌어가고 있는 점점 더 상호 연결된 세계에서, 사이버 보안은 여전히 미흡한 부분으로 남아 있다. 이는 특히 BCI와 관련하여 우려스러운 문제다. 해커들은 사용자의 신체적 · 심리적 안전을 위협할 수 있다(Mezzina et al., 2021). BCI 기술은 뇌에 직접적인 영향을 미치기 때문에 보안과 안전성에 대한 고려가 필수다. 특히, BCI-인터넷 통신의 증가로 해킹 등 사이버 공격 가능성이 커져, 사용자의 신체적 안전을 위협할 수 있다. 연구자들은 이러한 보안 위협을 방지하기 위해 강력한 보안 프로토콜을 지속적으로 모색해야 하며, 암호화된 데이터 전송과 같은 기술적 설루션(solution)을 통해 사용자의 안전과 프라이버시를 보호하는 것이 중요하다.

여섯째, 안전성과 신뢰성 확보다. 침습적 BCI 기술은 뇌에 직접 전극을 이식하기 때문에 감염, 신경 손상, 조직 거부 반응 등 다양한 안전성 문제가 발생할 수 있다. 또 이러한 이식이 시간이 지남에 따라 뇌 신호의 품질을 저하시킬 가능성도 존재한다. 신경 임플란트의 장기적인 효과는 아직 완전히 이해되지 않았으며, 이식된 환자와 비이식 환자 간의 잠재적 경쟁 우위가 문제로 대두될 수 있다(Waisberg et al., 2024). 따라서 BCI 시스템의 생체 적합성 문제를 해결하고, 안전하고 신뢰성 높은 기술을 개발하는 것이 중요하다.

마지막으로 경제성을 통한 형평성의 확보다. 현재의 BCI 시스템은 고가의 복잡한 장비로 인해 대중화에 한계가 있다. 이를 해결하기 위해 비용 효율적이고 휴대 가능한 BCI 시스템을 개발하는 것이 필요하다(Maiseli et al., 2023). 특히, 개발도상국과 같은 지역에서는 BCI 기술의 보급을 위해 경제적 접근성이 보장되어야 한다. 신경 임플란트와 같은 기술이 신체 장애를 가진 사람들에게 유용한 치료 옵션이 될 수 있는 반면, 기존의 의료 격차를 더욱 악화시킬 수 있기 때문이다(Waisberg et al., 2024). 이 때문에 접근성에서 형평성이 보장되어야 하며, 이는 국가 및 글로벌 차원의 해결 과제다.

결과적으로 BCI 시대 AI 윤리는 기존의 윤리적 원칙들을 기반으로 하되, BCI라는 새로운 패러다임에 맞게 확장 및 재정의 되어야 한다. BCI 시대의 AI 윤리는 기술 혜택을 극대화하면서도 인간의 존엄성과 권리를 보호하는 균형점을 찾는 것을 목표로 해야 한다.

참고문헌

Friedrich, O., et al.(2021). An analysis of the impact of brain-computer interfaces on autonomy. *Neuroethics*, 14, 17-29.

Hansen, C. B. J.(2019). Brain-computer interfaces: from research to consumer products. Doctoral dissertation, De Montfort University, United Kingdom.

Kögel, J., et al.(2020). What is it like to use a BCI? – insights from an interview study with brain-computer interface users. *BMC Medical Ethics*, 21, 1-14.

Maiseli, B., et al.(2023). Brain – computer interface: trend, challenges, and threats. Brain Informatics, 10(1). https://doi.org/10.1186/s40708-023-00199-3

Mezzina, G., et al.(2021). A cybersecure P300-based brain-to-computer interface against noise-based and fake P300 cyberattacks. *Sensors*, 21(24). https://doi.org/10.3390/s21248280

Sensen, O.(Ed.). (2012). *Kant on moral autonomy*. Cambridge, UK: Cambridge University Press.

Shih, J. J., et al.(2012). Brain-computer interfaces in medicine. *Mayo Clinic Proceedings*, 87(3), 268-279.

Valeriani, D., et al.(2022). The present and future of neural interfaces. *Frontiers in Neurorobotics*, 16.

https://doi.org/10.3389/fnbot.2022.953968
Waisberg, E., et al.(2024). Ethical considerations of neuralink and brain-computer interfaces. *Annals of Biomedical Engineering*, 52, 1937-1939.

10
인간과 BCI 기술의 조화로운 공진화

BCI 기술의 지속 가능한 발전을 위해서는 신뢰성, 안전성, 데이터 보호, 자율성, 사회적 불평등 등 다양한 측면에서 해결책을 모색해야 한다. 특히, BCI 기술이 뇌 데이터를 다루며 자율성과 정체성에 영향을 미칠 수 있는 만큼, 윤리적 가이드라인과 법적 규제를 마련하고, 공정한 접근성과 기술 평등을 보장해야 한다. 투명성과 책임 원칙을 통해 기술 발전이 인간의 존엄성과 권리를 침해하지 않도록 국제적 협력과 사회적 논의가 필수적이다.

종교와 AI?

BCI의 지속 가능한 발전을 위한 질문들

BCI의 지속 가능한 발전을 위해서는 기술적 측면뿐만 아닌 사회적, 윤리적, 법적, 경제적 측면의 질문들을 제기하고 해결책을 모색해야 한다.

첫째, BCI의 신뢰성과 안전성은 어떻게 보장될 수 있는가? BCI는 인간의 말초 작업 능력을 강화하거나 대체함으로써 개인의 자유도를 확장할 수 있다. 또한, 의료 분야에서의 잠재적인 임상 응용으로는 재활, 감성 컴퓨팅, 의사소통 및 제어 등이 포함된다. 비침습적 BCI 시스템, 예를 들어 EEG 기반 시스템은 단순한 통계 모델에서 심층 학습 모델로 발전해 왔으며, 시간의 흐름에 따라 성능이 개선되고 계산 능력이 향상되었다. 그러나 BCI 시스템의 임상적 사용에 대한 많은 도전 과제가 남아 있는데, 예를 들어 견고하고 신뢰할 수 있는 분류를 위해 더 많은 특징을 학습할 수 있는 충분한 데이터의 부족이 문제로 지적된다(Saito et al., 2023). BCI의 신호 해상도 및 정밀도 향상, 시스템 신뢰성 향상, 기존 기술과의 원활한 연결 가능성과 같은 기술 문제도 있다(Karikari & Koshechkin, 2023).

둘째, BCI 사용 시 데이터 보안과 프라이버시는 어떻게 보호할 수 있는가? 침습형 BCI는 움직임을 제어하는 뇌 부분에 외과적으로 센서를 이식하여 뇌 신호를 컴퓨터로 직접 전송하여 외부 장치를 제어할 수 있도록 한다. 그러나 이러한 장기간 이식된 센서의 안전성은 아직 충분히 연구되지 않았다. 가장 흔한 부작용은 이식된 센서와 외부 컴퓨터 시스템을 연결하는 장치 주변의 피부 자극이다. 관련 연구 결과는 침습형 BCI의 지속적인 연구와 개발이 필요함을 보여 준다. 특히, BCI 기술의 발전과 성능 향상에 따라 적절한 환자를 선별하고 위험 대비 이점 비율을 신중하게 고려하는 것이 중요하다. 이 때문에 BCI의 장기간 사용에 따른 부작용을 최소화하기 위한 연구가 요구된다. 특히 침습식 BCI는 뇌에 직접 전극을 삽입하는 만큼 장기적인 안전성에 대한 철저한 검증이 필요하다.

셋째, BCI 기술은 자율성과 정체성에 어떤 영향을 미칠까? BCI 기술과 관련된 위험 외에도, 많은 연구는 개인 정체성, 책임, 사회적 정의/공정성에 관한 중요한 윤리적 문제들을 제기하고 있다. 예를 들어, 질적 연구에서는 BCI 장치가 사용자들이 자아를 어떻게 인식하는지와 타인이 그들을 어떻게 인식하는지에 영향을 미칠 수 있다는 점을 발견했다. BCI 기술로 인해 발생하는 가장 중요한 윤리적 문제로 개인 정체성, 책임, 공정성이 지적되고 있으나 이를 해결하기 위한 구체적인 제안이 부족하다. 특히 많은 학자들이 BCI 기술이 환자의 자율성과 주체성에 미치는 영향에 대해 우려를 표하고 있다. 자발적인 근육 통제 능력을 상실하고 BCI 관련 기능에 전적으로 의존하는 완전 감금 증후군 환자들이 BCI 기술로 인해 의사 결정 능력을 잃는 윤리적 문제에 직면할 수 있다 (Sun & Ye, 2023).

넷째, BCI를 통한 인지 능력 향상이 사회적 불평등을 심화하지 않으려면 어떻게 해야 할까? 기술에 대한 접근성과 활용 능력의 격차가 새로운 형태의 불평등을 야기하지 않도록 하는 정책적 고려가 필요하다. BCI 기술의 발전이 노동 시장과 교육 시스템에 미칠 영향을 예측하고 대비해야 한다. 새로운 직업의 등장과 기존 직업의 변화에 대응할 수 있는 교육 시스템의 혁신이 필요하다. 또 BCI 기술의 사용으로 인한 새로운 형태의 차별을 방지하기 위한 사회적 장치가 필요하다. 고용, 의료, 교육 등 다양한 영역에서 BCI 기술이 공정하게 활용될 수 있도록 하는 제도적 장치를 마련해야 한다. BCI 기술의 혜택이 사회 전반에 골고루 분배될 수 있도록 하는 방안을 모색해야 한다. 특히 의료 분야에서 BCI 기술이 신경계 손상 환자들의 삶의 질 향상에 기여할 수 있도록 하는 정책적 지원이 필요하다.

다섯째, 뇌 데이터의 소유권과 활용에 대한 윤리적 가이드라인은 어떻게 설정할 수 있을까? BCI 기술의 발전에 따라 개인 프라이버시 보호와 데이터의 연구 및 상업적 활용 사이의 균형을 맞추기 위한 사회적 합의가 필요하다. 이를 위해 새로운 법적 틀과 규제 체계를 마련하여 개인 권리와 산업 발전을 동시에 보호해야 한다. 또 BCI 기술을 악용한 새로운 범죄에 대응할 수 있는 법적 장치와 처벌 규정을 마련하고, 이를 국제적 표준으로 수립하여 글로벌 차원에서 안전성, 윤리성, 데이터 보호에 대한 공통 기준을 확립하는 것이 요구된다.

보호가 필요한 대부분의 뇌 정보는 이미 개인정보 관리를 위해 마련된 기존의 법적 프라이버시 체계에 포함될 가능성이 높다. 개인정보 보호에 관한 권리를 인정하는 법적 프레임워크로서 유럽연합(EU)의 일반 데이터 보호 규정(General Data Protection Regulation, GDPR)의 관점에서 뇌 데이터를 살펴보면, 다음과 같은 문제점들을 발견할 수 있다. (a) 뇌 데이터는 건강 정보 등 민감한 데이터를 포함할 수 있다. 뇌 데이터의 민감성을 고려할 때, 프로파일링 및 관련 의사 결정에 대한 명확한 사용 제한과 사용자의 권리 보장이 필요하다. (b) 뇌 데이터는 익명화하기 어려운 특성을 가지고 있다. (c) 데이터 처리의 법적 근거로 동의 또는 정당한 이익이 제시되지만, 실제 처리 방식이 GDPR 요구 사항을 충족하지 못하고, 특히 투명성 원칙을 준수하기 어렵다. 이는 프로파일링 및 프로파일링 기반 의사 결정 문제와 연결된다. 뇌 데이터를 사용한 프로파일링과 관련한 충분한 정보가 제공되지 않으면, 이는 투명성 원칙 위반으로 이어질 수 있다. (d) 뇌 데이터 처리 목적이 광범위하게 설정되면 목적 제한 원칙에 위배될 수 있으며, 특히 민감한 데이터 수집 가능성을 고려할 때 더욱 명확한 목적 제한이 필요하다. 이는 데이터 최소화, 저장 제한 및 데이터 보안과 연관된다. 데이터 처리 방식은 데이터 최소화, 저장 제한, 데이터 보안 원칙을 효과적으로 준수해야 한다.

BCI 안전성과 데이터 보호를 위한 국제적 규제

국제적 차원에서 BCI 기술의 안전성, 윤리성, 데이터 보호를 위한 공통된 기준 수립이 필요하다. 세계인권선언(the Universal Declaration of Human Rights, UDHR), EU의 일반 데이터 보호 규정(GDPR)(개인 데이터 처리 및 전송과 관련하여 개인을 보호하는 것을 목표로 함), 미국의 건강보험 이동 및 책임법(Health

Insurance Portability and Accountability Act, HIPAA) 등은 개인정보 보호에 관한 권리를 인정하는 법적 프레임워크를 보완한다(Susser & Cabrera, 2024).

GDPR 관점에서 뇌 데이터는 건강 정보 등 민감한 데이터를 포함하며, 프로파일링과 관련된 의사 결정에는 명확한 제한과 사용자의 권리 보장이 필요하다. 뇌 데이터는 익명화가 어려운 특성을 가지고 있다.

윤리적 성찰과 사회적 합의를 위한 원칙

BCI 기술은 신경 보철, 의사소통, 게임, 교육, 정신 건강 관리 분야에서 점진적으로 발전하고 있다. 뇌 신호를 통해 휠체어나 로봇 팔을 제어하는 신경 보철 장치 개발과, 마비 환자를 위한 새로운 의사소통 방법 개발에 활용되고 있다. 이 기술은 인간의 삶과 사회에 획기적인 변화를 가져올 잠재력이 있지만, 이를 활용하기 위해서는 인간 존엄성, 권리, 사회적 공정성을 고려한 윤리적 · 사회적 논의가 필수적이다. 또한 모든 사회 구성원이 그 혜택을 누릴 수 있도록 보호와 공정성 보장이 필요하다. 특히 개발도상국은 BCI 연구 인프라가 부족하여 기술적 혜택을 충분히 누리기 어렵고, 임상 실험 참여자의 수와 다양성이 제한되어 결과의 일반화 가능성에 문제가 있다. 성공적인 사회 통합을 위해서는 이러한 기술적 과제와 윤리적 · 사회적 논의가 병행되어야 한다(Maiseli, 2023). 다음은 BCI 기술이 사회에 성공적으로 통합되고, 인간의 권리와 가치를 존중하며 발전하기 위해 필수적인 핵심 원칙이다.

첫째, 개인정보 보호의 우선성 원칙이다. 사용자가 자신의 데이터를 어떻게 수집하고 처리하는지에 대한 충분한 정보를 제공받아야 한다. 사용자는 필요한 경우 수정이나 삭제를 요청할 권리를 보장받아야 한다.

둘째, 자율성과 동의 원칙이다. BCI 기술을 사용하는 과정에서 개인의 자율성은 반드시 보장되어야 한다. BCI는 사용자 자율성에 긍정적 영향뿐만 아니라 부정적 영향도 끼친다(Friedrich et al., 2021). 사용자는 자신의 뇌 데이터를 제공하거나 기술을 사용할지에 대한 명확한 선택권을 가져야 하며, 언제든지 동의를 철회할 수 있어야 한다. 이는 인간의 기본적인 자기 결정권을 존중하는 데 필수적이다.

셋째, 공정한 접근성과 기술 평등 원칙이다. BCI 기술은 모든 사람에게 공평한 접근이 보장되어야 한다. BCI 기술로 인지 향상과 치료 중재 간의 경계가 모호해질 수 있다. 경두개 직류 자극(tDCS)과 같은 기술은 치료뿐만 아니라 인지 향상 효과를 나타내, 임상 치료 목적으로 설계된 기술이 향상 목적으로 사용될 가능성이 크다. 사회적 평등 문제는 이러한 기술의 치료적 사용과 향상적 사용 간의 차이에서 발생한다. 법적 의무는 치료가 필요한 사람들에게 의료 서비스를 제공하는 데 있지만, 건강한 사람의 향상을 위해 사용될 경우 윤리적 딜레마가 발생할 수 있다.

ADHD와 기면증 치료에 사용되는 애더럴(Adderall)의 비의료적 사용 사례처럼, BCI나 DBS(Deep Brain Stimulation) 기기의 높은 비용은 사회적 불평등을 악화시킬 수 있다. BTBI(Brain-to-Brain Interface)를 통해 학습 속도와 기술 습득이 향상되지만, 이로 인해 교육에서의 사회적 불평등이 심화할 수 있으며, 장기적인 효과는 아직 검증되지 않았다. 신경 기술의 채택 압력은 새로운 형태의 차별과 사회적 규범 변화로 이어질 수 있다(Botes, 2022).

넷째, 투명성과 책임 원칙이다. 투명성은 개인정보 보호와 보안을 위해 설계 단계에서부터 요구되며, 정보 자율권 보장과 법적 규제 준수를 위해 중요하다. 특히, 뇌 데이터는 직관적으로 이해하기 어려워 투명성 확보가 도전적이다. EU AI 법안 제52조는 감정 인식 및 생체 분류 시스템의 투명성을 규제하며, 이는 일부 BCI 시스템에도 적용될 수 있다. AI-BCI 시스템에 대한 확장된 투명성 의무 논의는 포괄적인 BCI 투명성 규제를 마련하는 데 유익할 수 있다(Kapitonova et al., 2022).

BCI 기술 이용에 따른 책임 소재는 연구자, 임상의, 환자 등 모든 이해 관계자가 고려해야 할 중요한 문제다. 투명한 정보 공유와 책임 있는 관리 주체의 명확성이 필요하며, 책임 소재가 불분명할 경우 법적 판단이 어려울 수 있다. 특히, BCI 기술이 장애인 등 특정 집단에 대한 낙인으로 사용될 우려가 있다(Coin et al., 2020)는 점에 유념해야 한다. 기술의 잠재적 위험과 부작용에 대해 사용자에게 명확히 고지되어야 하며, 기술 개발자는 그들의 행위에 대해 책임을 질 수 있는 체계를 갖추어야 한다.

BCI 기술은 다양한 분야에서 엄청난 잠재력을 발휘할 수 있지만 이러한 아이디어가 현실이 되기까지는 아직 갈 길이 멀다. 인간과 기계 간의 안정적이고 안전하며 효과적인 상호작용을 위해서는 추가적인 기술 개발과 뇌 기능에 대한 이해가 긴히 요구된다(Peksa & Mamchur, 2023). 우리는 현재 인류의 중요한 갈림길에 서 있으며, 우리의 선택이 미래 세대의 삶과 정체성에 영향을 미칠 것이다. BCI 기술이 인간 중심 가치를 침해하지 않도록 지속적인 논의와 제도적 보완이 필요하다.

참고문헌

Botes, M. W. M.(2022). Brain computer interfaces and human rights: Brave new rights for a brave new world. In C. Isbell, S. Lazar, A. Oh, A. Xiang(Eds.), Proceedings of the 2022 ACM conference on fairness, accountability, and transparency(pp. 1154-1161). New York: Association for Computing Machinery.

Brandon Chase(2023.1.13). Clinical trial results indicate low rate of adverse events associated with implanted brain computer interface. Massachusetts General Hospital, https://www.massgeneral.org/news/press-release/clinical-trial-results-indicate-low-rate-adverse-effects-associated-with-implanted-brain-computer-interface

Coin, A., et al.(2020). Ethical aspects of BCI technology: what is the state of the art?. *Philosophies*, 5(4). https://doi.org/10.3390/philosophies5040031

Friedrich, O., et al.(2021). An analysis of the impact of brain-computer interfaces on autonomy. *Neuroethics*, 14, 17-29.

Kapitonova, M., et al.(2022). A framework for preserving privacy and cybersecurity in brain-computer interfacing applications. arXiv:2209.09653.

Karikari, E. & Koshechkin, K. A.(2023). Review on brain-computer interface technologies in healthcare.

Biophysical Reviews, 15(5), 1351–1358.

Maiseli, B., et al.(2023). Brain – computer interface: trend, challenges, and threats. *Brain Informatics*, 10(1). https://doi.org/10.1186/s40708-023-00199-3

Peksa, J. & Mamchur, D.(2023). State-of-the-art on brain-computer interface technology. Sensors, 23(13). https://doi.org/10.3390/s23136001

Saito, Y., et al.(2023). Review of performance improvement of a noninvasive brain-computer interface in communication and motor control for clinical applications. *Juntendo Medical Journal*, 69(4), 319–326.

Sun, X. Y. & Ye, B.(2023). The functional differentiation of brain – computer interfaces (BCIs) and its ethical implications. *Humanities and Social Sciences Communications*, 10(1), 1–9.

Susser, D. & Cabrera, L. Y.(2024). Brain data in context: Are new rights the way to mental and brain privacy?. *AJOB Neuroscience*, 15(2), 122–133.

박형빈

서울교육대학교 윤리교육과 교수다. 미국 캘리포니아대학 LA(UCLA) 교육학과에서 방문학자(Visiting Scholar)를 지냈다. 서울교육대학교 교육전문대학원 에듀테크전공 및 인공지능인문융합전공 교수다. 서울교육대학교 신경윤리융합교육연구센터 및 가치윤리AI허브센터 센터장이다. 도덕윤리교육, 인격교육, AI윤리교육, 신경윤리학 등에 관심을 갖고 연구하고 있다. 대표 저서로는 『AI윤리와 뇌신경과학 그리고 교육』(2024), 『인공지능윤리와 도덕교육』(2022), 『AI시대 대한민국 교육변혁』(2024), 『도덕교육학: 그 이론과 실제』(2021), 『뇌 신경과학과 도덕교육』(2019)(2020세종학술도서), 『통일교육학: 그 이론과 실제』(2020), 『도덕지능수업』(2023), 『학교생활 나라면 어떻게 할까?』(2021), 『가정생활 나라면 어떻게 할까?』(2022), 『사회생활 나라면 어떻게 할까?』(2022) 등이 있다. 역서로는 『양심: 도덕적 직관의 기원』(2024)(2024세종학술도서), 『말빈 벌코위츠의 PRIMED 인격교육론』(공역, 2024), 『어린이 도덕교육의 새로운 관점』(공역, 2019)(2019세종학술도서), 『윤리적 감수성』(공역, 2022), 『윤리적 판단력』(공역, 2022), 『윤리적 실천』(공역, 2022), 『윤리적 동기부여』(공역, 2023) 등이 있다.